U0048934

Nachgefragt:

Philosophie

Basiswissen zum Mitreden

向下扎根！
德國教育的公民思辨課————3

你只是單純活著，
還是有在動腦？
質疑所謂理所當然的事

Christine Schulz-Reiss 克莉絲汀·舒茲—萊斯｜文
Verena Ballhaus 薇瑞娜·巴浩斯｜圖

王榮輝｜譯

目錄

3 思考、談論、行為　49
Denken, Reden, Handeln

4 我的上帝，讓我更靠近祢一點！　65
Näher, mein Gott, zu dir!

「借鏡」德國教育的公民思辨課

沈清楷 ｜ 比利時魯汶大學哲學博士

「向下扎根！德國教育的公民思辨課」一套三本的書籍，分別是〈人權與民主篇〉、〈政治篇〉、〈哲學篇〉，它假設了，人活在民主的共同體與世界中，所不可或缺的基本知識。

什麼是「基本」知識？它指的是每一個人都要會的。很可能是我們自以為會的東西，而我們卻不懂或早已遺忘的。另一方面，「基本」知識也可能代表一種「理所當然」的知識。不過，那些我們以為理所當然的事情，卻可能是有問題的，而早已成為我們思考或推論的前提。若是如此，我們依據「所謂的」理所當然所推論出來的東西，會是錯誤或是帶有偏見的。是否因為我們缺乏反思這樣理所當然的機會，而一再積非成是？

就是人在質疑「理所當然」，並且重新回到「基本」，反思自己的前提以及背後整個價值系統，才能更理解自身，澄清思考與行動基礎的來源。即使這樣回到基本的過程中，最後了解到自己過去所認識的是盲目的，這也是一個重新認識自我的開端。

1. 對人的想像

當我們談論人性尊嚴，看似是自然而然的，或是將它視為一個不可侵犯的價值，然而人性尊嚴的確立，在西方歷史上卻經過一個漫長的道路，歷經「神權、君權、人權」不斷抗爭的過程，才稍稍地在制度上肯定人之為人的價值，逐漸地確立國家必須為了保護人民而存在。不過，即使一個再完

善的制度，如果不被監督、無法自我反省，它將會反過來，逐漸從「讓人自由」變成「讓人成為奴隸」，制度也會從保障自由轉變成箝制個人自由的枷鎖。

因此，儘管人類看來變得所謂文明了，卻依然有奴役與剝削他人的現象，相互蔑視而無法相互肯認，為了自己的利益不惜犧牲他人，甚至更多的機巧輔助了一種更大的殘忍，文明無法讓我們停止懷疑人性、擺脫人類固有的自私，人依然壟罩在「我是誰」的巨大謎團當中。但是我們也發現到一些充滿希望的靈魂，他們認為人對自己有責任，相信存在的勇氣，面對任何的不公不義，努力介入，並思索著既然我們並非那麼相信人性的良善，人會被惡所引誘，那麼應該建立起一個好制度。不過，任何的制度都可能避免不了腐化，透過制度來圖利自身，而形成更大的惡。即使一個標榜人民主權的民主國家，它會是保障人權價值的良心所在，也可能變成一塊遮羞布。一個國家是否民主，是依它能保障多少「個人」的人權做為指標。

根據《世界人權宣言》揭櫫所保障每個人享有的權利與自由「不因種族、膚色、性別、語言、宗教、政治或其他見解、國籍或社會出身、財產、出生或其他身分等，而有任何差別；並且不得基於個人所屬之國家或領土上政治、法律狀態或國際地位的不同而有所區別。」《世界人權宣言》明示著人性尊嚴必須不斷捍衛，必須避免苦難重覆不斷地發生在每個人身上。自1948年宣讀開始，根據捍衛不同形式的人權，許多跨國性組織不斷地催生、集結，規範並制止現代國家用各種形式迫害自己的人民。透過一次次的救援行動，對那些不被聞問的弱勢個體，伸出援手，將個人良心凝聚成集體的關懷。如著名的國際特赦組織，試圖營救威權統治下的異議

分子，反對國家可以不經正當程序，就隨意地逮捕、監禁、施加酷刑，甚至在毫無辯駁的情況下不明不白地被處死。在台灣過去的戒嚴年代，也曾因為國際特赦組織的援助，將威權時代那些勇敢爭取人權的人拯救出來。

〈人權與民主篇〉透過聯合國人權理事會、聯合國兒童基金會、無國界記者等堅持基本人權價值的眾多不同組織的介紹，不僅對照出那些虛弱悲觀靈魂的自怨自艾，而助長了壓迫與自私，也提醒了我們：是否對那些一波波正向我們侵襲而來的不公平浪潮渾然不覺？是否我們對人如何朝向共善的想像依舊不足？

2. 政策只能由政府主導嗎？

沒有人可以獨自生活，在共同生活中也不存在一種永久和平：人會彼此爭吵，甚至武力相向。當然，如果在共同生活中，找到一種協調的方式，不僅使得人與人之間不至於陷入永恆的衝突，還可能基於某種理想的設定，增進彼此的利益，產生一種良性的互惠，增進整體共同的善，讓「公共性最大化」。無論如何，共同生活中，我們必須要去設定一個共同努力的目標。然而，政治中所有利益的角力不見得是以公共化為主，反而有許多不同的力量，企圖將公共利益變成私人利益，因此，政治制度的設計和反省有其必要性。我們政治制度的反省有兩種，一種是效益性的反省，另外一種是從價值面的反省。因為政治制度容易淪為官僚化，看起來具有某種程度的效益，卻也容易陷入「依法行政」而導致「惡法亦法」，讓保護人民的法律僵化在形式主義的思維當中，也因此，當政治制度無法被反省，無法回到原初設計的價值設想當中，就容易陷入一種政治危機。

你只是單純活著，還是有在動腦？　質疑所謂理所當然的事

當我們問：政治是什麼？同樣也在問我們要什麼樣的政治？政治是否只是少數政治人物在媒體上讓人厭煩的喧囂？當我們具有一種判讀能力，還是可以在這些喧囂中辨識出真假與良善之所在。而最讓人擔心的是人們對政治的冷漠，乃至於進入到「去政治化」的狀態之中，因為去政治化的語言，就是一種用來鞏固保守勢力的政治化的修辭，進一步地讓政治孤立轉換成個人存在感的孤單，讓不談政治變成一種清高的道德姿態，當政治用更加複雜的語言試圖讓你覺得不用、也不需要知道政治人物在做什麼的時候，這就是我們應該要警覺的時候，因為政治之惡可能在我們的冷漠與無感當中發生。

　　〈政治篇〉從公民權到聯邦制的介紹，從政黨政治、權力分立到法案通過，以及各種不同的政治理論從左右光譜到各種主義如資本主義、自由主義、社會主義、共產主義所代表的不同含義，乃至於稅收與分配的問題，到尖銳的金錢與政治之間的關係，擁有公權力者的利益迴避原則，以及媒體作為第四權如何監督這些擁有權力的人。從關心自己的國內政治到國際地緣政治的思考：日內瓦公約、北大西洋公約組織、冷戰、歐洲共同體以及聯合國安理會、國際刑事法院等這些不同組織的介紹，說明一種政治教育的廣度，提供我們理解，作者想要傳遞什麼樣的政治思考給下一代。

　　歐洲極右派的出現，甚至新納粹的發生，以及來自於恐怖主義的威脅，德國人是否應該堅持哪一種國家主權的辯解，而對於難民、移民置之不理？還是去理解排外情緒如何被操作以及某種冷靜理性思考的必要？政治教育的目的，不僅給未來的政治人物參考，也提供現在的政治人物機會去反思從政的目的，如果不是競逐利益的話，提醒他們原初對公

共性嚮往的從政初衷。

3. 我和世界

「何為哲學？」這雖然是大哉問。我們依然可以從哲學這個學科所面對的事情來理解「哲學是什麼」。哲學面對「存在」（being）的問題，從而去思考存在以及這個世界背後的原因原理、去思考什麼「是」（being）真的、人如何存在（to be）、行動（動機到結果之間的關係）。或者我們可以簡單化約為兩個，面對「世界」和面對「自我」，接下來所面對的是「兩者之間的關係」。哲學要求針對以上這些問題進行後設思考，不僅反思各種可能性，還在可能性中尋找可行性。也就是靜下心去思考那些被我們視為理所當然的事，這些理所當然也往往充滿了條件性的偶然。

古希臘哲學家高吉亞（Gorgias）宣稱「無物存在、即使存在也無法認識、即使認識也無法告訴他人」，徹底質疑我們所謂的理所當然：「存在」、「認識」、「人我溝通」，雖然他正在把他的認識告訴我們，而產生自相矛盾，卻也提供對我們認識確實性的反省。到笛卡兒（René Descartes）提出「我思故我在」，主張即使懷疑也必須有個懷疑的我，即使被欺騙也要有一個被欺騙的我，我們得出一個不可懷疑的我，或是更精準地說是那個思考我的確信。不過，這個「思考我」的存在如果沒有進一步填充其內容，它卻很可能是空洞的。

我們可以在廣義的存在主義者身上，看到人雖然肯定自我存在，但卻會是一種空洞的確信，人因而不斷地焦慮著自身存在的意義，而產生了虛無感。存在是一種行動，而行動則是不斷地面臨選擇，因此選擇成為一個人在面對自我及其行動不可避免的態度，雖然如沙特（Jean-Paul Sartre）所說的

你只是單純活著，還是有在動腦？　　質疑所謂理所當然的事

「不選擇，也是一種選擇」，但是為了避免「選擇」一詞語意過於空洞，而迴避了選擇，我們則可以進一步說「選擇的選擇」和「不選擇的選擇」是兩個不一樣的選擇。

人有選擇的前提，在於他擁有自由，雖然這樣的自由是有局限的。人只要依自己所認為的、所希望、所欲求的……自由地去行動，他就必須擔負起行為的後果。因此，自由與責任之間是密不可分。不過，當我們進一步將真、假問題放進自由與責任中，就會展開一連串的辯證，從而了解到自己並非如此的自由，或是責任可能成為他人剝削我們的道德話術等等。

〈哲學篇〉中，作者不採取哲學史或概念系統的方式寫作，試圖將哲學知識「化繁為簡」，並建議我們「隨意翻閱」，是因為我們總是要有個機會脫離系統性的知識建構，但這並非意謂著「隨意閱讀」，而是放開既定的框架，留有餘裕地重新思考我們周遭以及自身上所發生的事情。

結語

當我們羨慕歐洲的教育制度之際，羨慕人才養成是多麼優秀，這並非是人種的聰明才智，而是教育制度與外在環境所形塑出來的。「人性無法進化」，我們無法將自己所累積的知識、經驗，透過遺傳讓下一代自然獲得，因此，一旦，我們不認為知識的傳遞是必要的，上一代所累積的知識將一點一滴的流逝，過去的知識，若是不透過教育傳承，前人苦思反省所得到的智慧注定消失，人將會從頭開始，不斷地重來，包括重複著人性中的殘忍與貪婪。不過，人類文明的發展中，它卻可以藉由制度創造某種良善的基礎，在教育中緩解人性中無法避免的貪婪。在這套「向下扎根，德國教育的

公民思辨課」的叢書出版之際，台灣現行的12年國教課綱，
將最能帶給學生反思能力以及國際交流能力的學科——社會
科（歷史、地理、公民）的必修時數，從8小時變成6小時。
「借鏡」這套書，或許可以幫我們思考台灣教育改革之「未
竟」，台灣現行的教育制度中，遺漏了什麼？

陳中芷｜自由寫作者

儘管台灣書市好不容易藉著《哈利波特》打破了僅為考試與
教化的閱讀慣性，開啟了「一無是用」純智性與想像的奇幻
世界，除此之外，適合青少年閱讀的書在哪裡？大人常說開
卷有益，學校要求經典閱讀，社會鼓勵書香風氣，但是放眼
書市，除了兒童繪本，絕大多數是以成人思維編輯出版的各
種書籍，逼著中學生早早啃讀所謂的經典名著，可惜的是，
超齡閱讀不會帶來超齡的興味。青少年這個尷尬的年齡層，
有屬於自己的好奇與困惑，經歷小學階段之後，對家庭與社
會有不一樣的觀察，嘗試摸索自己的定位，繪本與經典遠遠
不能滿足青少年獨特的閱讀需求。這一套書《Nachgefragt:
Basiswissen zum Mitreden》是希望在奇幻文學之外，提供
給年輕讀者另類選項，若是他們在疲於篩選與掙扎於規訓之
下，依然不忘探問世界與思索自身時，還有一些不會壞了胃
口與品味的閱讀選擇。

　　這套書三冊〈哲學篇〉、〈政治篇〉和〈人權與民主篇〉，
是從德國一個青少年系列叢書中挑選出來的。這叢書的德文
副標題為「參與討論的基本知識」，標明了編輯立意是專為
青少年而寫的入門書。引領什麼呢？引領青少年進入公民社
會。公民社會並不抽象也不遙遠，就是從如何共同生活開
始。而共同生活是從認識自己開始，認識自己始於好奇，好
奇也是一切知識與思索的起點。從窮究所見所聞，到發展出
自己能思會想，進而得以與人對話，捍衛自己的主張，傾聽

他人的需求，釐清公與私的界線，知道政治的運作，明白個人在社會上的權利與義務；這一切從個人認同到公民身分的理解不會憑空而來，需要某些背景知識。這套書從哲學、政治與人權三個角度，勾勒出一份完整公民教育的基礎知識，提供給青少年在成為正式公民擁有投票權之前，一個思考求索的依憑。

〈哲學篇〉寫的不是哲學史，而是針對青少年提出基本哲學問題，也就是「思考」這回事，以及「如何認識自己」這個命題。全篇從生命關注開始，之後進入哲學史概覽，從古典到現在，囊括整個歐陸哲學發展的大脈絡，收尾落在一個問題：在現代科技不斷翻新進步之下，人又該如何認識自己。作者不單介紹哲學家，也善於組織哲學家的理論思維，以簡化的方式重新提問，隨手撿拾這些哲學思想在生活中的運用，比如德國有名的萊布尼茲餅乾、綠色和平組織所引用謝林的話：錢買不到吃的。書中舉的例子和假設的情境貼近青少年生活，並且兼顧某些哲學思維在歷史脈絡的前後關聯。

〈政治篇〉是從日常生活的面向解釋何謂政治。政治，不僅在台灣，在德國日常生活中，也常以負面形象出現，被鄙夷被唾棄，甚至冷漠以待，但是政治的影響力卻散發在所有生活領域裡，有必要正眼以對，看清楚其中權力關係下自身的權利與義務。這本書裡介紹的議題都是現代民主政治裡的基本問題，從個人到國家、歐盟、國際關係，到非國家組織，描寫出一個非常清楚的圖像：「我們」如何被統治；在各不同層級的政治機構之間，如何規範和保障了我們的共同生活？最後收尾收在，兒童在政治場域裡可以做什麼？而我們如何共同生活，也就決定了在家、在村、在城乃至在國，我們如何追求共同的幸福感（wohl fühlen），這是古典政治學

　你只是單純活著，還是有在動腦？　質疑所謂理所當然的事

裡所揭櫫，卻在現代失落的最高理想。此外，本書雖然是以德國的政治現狀解釋給德國的青少年，但是，台灣法政制度多方面襲自德國，書中所提供的法政背景對台灣讀者也有所助益。

　　現代民主政治的基礎在於人權。〈人權與民主篇〉成書於2008年，尚未觸及台灣當前最熱門的婚姻平權議題。作者從更基礎而廣泛的方式解釋了「人權」概念的三代發展，人權與國家權力之間彼此制約又互相保證的辯證關係，以及透過許多非政府的人權組織勾勒出現代世界人權的圖像，藉著各種國際社運團體呈現出當代為人權努力奮鬥的未竟之業。當我們對人權有更深刻的理解，也就會對當代的婚姻平權議題的爭議有更清晰的價值取捨。貫穿全書而未明言的軸心是1948年通過的聯合國《世界人權宣言》。這篇宣言總結了前代人的受困經驗，奠定了當代人權的基本格局，本書許多篇章包含人權訴訟、新聞自由、平等受教權等等，都在呼應聯合國三十條的人權宣言。書末筆者以聯合國中英德三種官方譯本互校，附上一個讓青少年容易理解的世界人權宣言版本，雖然不能取代正式的官方版本，但足以參考。

　　這類給青少年看的導論型書籍在德國書市不少，但能寫得舉重若輕的也不多見，這系列叢書從90年代起出版一直是風評極佳的長銷書。作者克里斯汀・舒茨－萊斯擔任過編輯，後來成為兒童青少年書籍的專業作者，擅長以生活化的例子解釋抽象的政治文化概念，文字簡明架構簡潔。這套書不僅是議題更是寫作筆法值得做為台灣出版借鏡，希望作者務實而全面的引導，帶給青少年讀者更犀利的思考能力和更能參與社會表達自我的發言能力，以面對當代複雜多端的公民社會。

你聽到「哲學」二字就頭皮發麻？

羅惠珍｜《哲學的力量》作者

對台灣的年輕人來說，光是應付學校的課程、考試和補習就已經精疲力盡了，還要讀哲學書，不就是「壓垮駱駝的那一根稻草嗎？」如果你聽到哲學就頭皮發麻，其實很正常，因為人家都說哲學很艱澀，哲學很難懂；因為人家說，哲學要一直想、一直想、一直想，讀哲學會腦筋打結……總之，哲學很無聊，哲學很煩。

可是，哲學又很有趣，無論是哲學家的故事還是哲學的主題與概念，都和你我的人生體驗很接近，好像不管經過多少年或在哪個地方，每個人的腦海裡轉的都是很相似的問題。

那些時不時一閃而過的念頭，例如「那麼多人去教會，上帝真的存在嗎？」、「神明真的有在保佑我嗎？」、「因為舉頭三尺有神明，所以我就不能做壞事嗎？」「爸媽都不會約束我，我想做什麼就做什麼；但我的人生真的百分之百自由嗎？」、「為什麼長大後一定要工作？工作只是為了賺錢嗎？」、「為什麼班上有些同學的想法跟我不一樣？我們的成長環境相同，為什麼價值觀差那麼多？」、「說謊就是壞孩子嗎？我們可不可以為了某些理由說謊呢？」、「對某些東西特別著迷就是欲望嗎？意志力克制得了欲望嗎？」、「欲望驅使我們實現夢想，為什麼還說不要有太多欲望呢？」、「為什麼要有國家？國家到底是在保護人民，還是限制人民？」

隨著年齡成長，還有好多好多的問題不斷浮現，然而，這些問題在參考書找不到答案，因為都不是考試的內容。這些問題恐怕也沒有標準答案。從小到大所有考試的經驗，讓

你以為凡事都有標準答案，而我們不能去質疑是否絕對正確。課堂上，老師拚命趕進度，我們拚命反覆練習背誦，每一字每一句深深刻劃、佔滿了記憶匣，讓你以為長大之後只要遵循那一堆字句就能確保什麼似的。因此，我們沒有時間、也沒有機會去談論那些不時在腦海裡浮現的問題，甚至認為那些問題都是多餘的。

可是，跟考試無關的問題就不是問題嗎？沒有標準答案的問題就不需要討論嗎？其實，我們經常這麼問自己，而當你開始思索這些問題時，你已經進入了哲學思考的奇妙世界。不過，若是缺乏繼續往前走的動力和能力，在原地打轉，最後也許會覺得那些根本無關緊要，再糾結下去也只是浪費時間。

直到有一天，咦？好像有人開始談論法國高中生必修的哲學課，而且是很重要的一門課。還有一些很適合青少年閱讀的哲學書在台灣出版了，例如你手上這一本。書中的內容幾乎涵蓋了你腦海裡那些想不透的問題：關於生命欲望，神的存在、人的信仰，社會到底要怎樣才算公平，網路時代和過去產生的斷裂，還有，人為什麼會害怕死亡……

這本書好像很厲害，可是你怎麼只讀了三頁就想把它扔到一旁？你覺得每個字都懂，但是每一句都很難懂？有時候好像繞口令似的令人心煩，而且讀了半天根本沒有解決問題嘛！如果你被它搞得精疲力盡其實很正常，因為就算文字簡單易懂，閱讀哲學書還是有點吃力。

這種感覺跟爬山的情況很接近。不常爬山的人可能沒幾分鐘便覺得兩腿沉重、氣喘吁吁，而且身體發熱汗流不止，這些感覺加起來很難用「舒適」來形容。此時只要稍微放慢腳步調整呼吸，讓身體漸漸適應爬坡的體力耗費，繼續往上

時就不會那麼吃力了。

　　閱讀哲學書好比爬山，一點都不休閒舒適。當你進入思考時，必須耗費腦力和專注力。而哲學書有趣的地方是每個論點你都可以提出質疑和反駁，例如本書中有關說謊者的悖論，我們可以問：「難道會說謊的人時刻都在說謊嗎？」這本書的內容廣泛，你也可以和家人朋友針對某個段落共同討論，例如「人可以全憑經驗做判斷嗎？」這就如同你在爬山時略作休息一般，讓你的思考有繼續前進的動力。

　　這是一本西方哲學「微百科」，它為你開啟了哲學的門縫，書中的某些論點，如果你覺得重要，接下來就要靠你自己做延伸閱讀，逐步推開哲學思考的大門。

前言

哲學!?如果有人問你：「你在讀些什麼？」而你告訴他：「一本與哲學有關的書。」那個人或許會張大眼睛看著你，你可以從他的眼中見到訝異或欽敬。不過，你所得到的反應，卻也有可能是搖頭或皺眉。他或她也許會說：「這真是太棒了！你居然會這種東西！」也許會說：「咦，你是吃錯了什麼藥!?」或者，也可能會說：「你這傢伙不是太假掰，就是頭殼壞去！」

光是對於「哲學」一詞，人們就有許多不同的看法。對於某些人而言，哲學家就是一些心不在焉的教授，他們只懂得沉思，卻看不見自己周遭的世界，也因此，人們並不看重他們。有些人則把哲學家想成是令人敬畏的人，他們聰明到令人肅然起敬，因為我們在思想上總是無法跟上他們。更有一些人認為，所謂的哲學家根本就是些瘋子，他們一天到晚總是在想些，與日常生活根本八竿子也打不著的事情，想到頭殼都壞了。

統統不對！如果你的手上正拿著這本書，這就代表：你並沒有被那些成見給唬住！你想要親眼看看，這背後究竟隱藏了些什麼。你單純只是受好奇心所驅使，從而你也邁出了哲學思考的第一步。因為哲學也是始於，對於藏在所有事物背後的是什麼感到好奇。它最初所涉及到的是，我們可以觀察、接觸與獲取的東西。這個世界是什麼做的？早在三千多年前的古希臘，就有第一批思想家在思索這樣的問題。他們所提出的答案，有些很古怪，有些顯然是錯的，不過也有些令人十分驚異，因為在歷經許多個世紀後，當代的自然科學家證實了僅有的工具只是腦袋和理智的古希臘人，居然早已

你只是單純活著，還是有在動腦？　　質疑所謂理所當然的事

得出了正確的答案！

　　雖然有些哲學家的相關書籍多到能放滿一整個書櫃，不過沒有人非得要將那些書全部讀過一遍，才能理解某位哲學家的思想。往往少即是多，即使是艱深的論述，也能分解成容易消化的文字。「化繁為簡」正是我在這本書裡所要做的嘗試。你可以從頭到尾依序閱讀，也可以像點菜那樣，按照自己的胃口挑選喜歡的篇章閱讀。也許你比較感興趣的是第一位哲學家，米利都的泰勒斯（Thales von Milet）。也許你想直接翻到蘇格拉底（Sokrates）或康德（Kant）的部分，因為你曾耳聞他們的大名，想看看他們能夠帶給你什麼啟發。當然，你也可以從尾讀到頭。喜歡怎麼讀，都可隨心所欲！

　　這本書不僅邀請你來進行一場穿越人類思想的探索之旅，同時也邀請你一起來動動腦。你將訝異於，一路上有多少景點是你早已熟悉，而讓那些「偉大的」哲學家想破頭的許多事情，你自己其實也曾思索過。或許，其中有些答案會讓你感到可笑。不過，無論如何，閱讀人類歷史上曾經提出過的種種想法，本身就是件充滿樂趣的事情；而這也是我對讀者們的祝福！

1

誰、如何、什麼——
為何、何故、為什麼⋯⋯

Wer, wie, was –
wieso, weshalb, warum ...

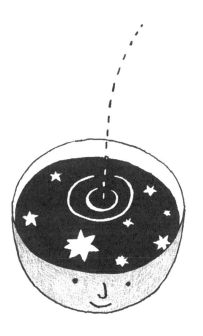

你只是單純活著，還是有在動腦？——為什麼兒童是天生的哲學家

為何香蕉是彎的？因為這樣它才能塞進香蕉皮裡！那些「愚蠢的問題」會被這樣的說詞給擱在一旁。事實上，這個問題一點也不愚蠢。因為香蕉的彎曲其實是可以被解釋的。而能被解釋的事情，自然也就有其意義。

香蕉密實成串地垂下，為了成熟，這些水果必須朝上，於是它們便長成彎曲的形狀，藉以面向太陽。十分巧妙吧！然而，究竟是誰或什麼想出了這一套？雖然植物學家（Botaniker）可以解釋香蕉為什麼需要彎曲的問題，不過他們卻很難告訴我們，究竟「是誰或什麼」想出了這一套。哲學思考是開始於追問隱藏在大自然背後的意義，追問隱藏在那後面的道理。自古以來，人們便一直在問，這一切是誰搞出來的，到底是誰？

植物學家：研究植物的人

如果我們無法找到一個問題的答案，我們往往會覺得十分難受。這點從幼童的身上便能看得出來。他們有意識的人生是始於提出問題。沒有什麼事情是他們不會去問的，而且經常總是問個沒完沒了。「這是什麼？」、「這有什麼用？」、「為什麼一定要這樣？」、「如果沒有這個東西會怎樣？」就連你，恐怕也曾用自己一連串的問題把大人給逼瘋過。你無法不這麼做，否則的話，你會永遠都只是傻傻的。如果大人給你的答案是：「就是這樣！」他們要不是懶得動腦筋，就是忘了好奇。這樣的情況其實十分令人遺憾！

如今你還是會提問，只不過你所問的是不同的問題，而且你往往會問自己，因為你在這段期間裡藉由思考找到了屬於自己的答案。在這個過程中，你發現到了：如果你真正投入這場遊戲，每得出一個答案，你就會想到一個新的問題。

思考的冒險就此展開，如今你已身陷其中。

「哲學始於好奇。」
——亞里斯多德
（參見P.59）

　　在你的追問過程中所發生的那些事情，無非就是一個幼童在開始探索這個世界時所會做出的那些事情。他會拿個東西在手上，把玩它，試著藉此去理解它。或許他會將這個東西放進自己的嘴巴裡，藉此去體驗一下，這個東西嚐起來的味道是如何？或許他還會把這個東西拆成碎片，藉此去看看，在這個東西當中，是否或許還隱藏著更有趣的東西。這時候，大人或許會感嘆地說：「你非得破壞所有的東西不可嗎？」

　　有時他們之所以會去阻止你的提問，其實是因為，如果有人對每件事情都提出疑問，這對被問的人確實不是什麼令人愉快的事，除去煩人不說，在追問的過程中，還很有可能會讓堅定的信念破碎、讓懷疑開始蠢動。

　　你用自己的腦袋去把玩這個世界，在這個過程中，你的思考就宛如你的手指，你可以用它們把事物拆開，藉此去理解它們，即使所要理解的對象是人們無法觸碰的，例如感情、信仰、希望、願望甚或思想本身。

　　你問：為什麼？為什麼我必須學習？為什麼人會戀愛？為什麼人終須一死？死後有些什麼？為什麼想到死亡會令人感到痛苦？為什麼有時我會倒楣、不幸？什麼叫做幸福？

藉由每個新的問題，你會愈潛愈深。

　　你好奇、你懷疑，藉由每個思考，你將得到一些新的知識，這些知識會讓你重新去對那些已知的知識提出問題。最棒的是，在所有的事物背後，的確都還隱藏著某些事物。那些試著打破砂鍋問到底的人，便是正在進行哲學思考。那麼，那些彎曲的香蕉呢？即使我們所提出的問題讓我們看起來像傻子，我們也是傻得有道理。因為思考的冒險旅程，往往都是開始於某個「蠢」問題！

坐上雲霄飛車！
什麼是哲學？

「philos」的意思是愛好者，「sophia」，的意思是智慧。「哲學是對我們自身的關懷。」——卡爾·雅斯培（參見P.132）

你曾經戀愛過嗎？如果有過的話，那麼你就會了解這樣的感覺：當你的心裡只想著自己的男朋友或女朋友，你會有種暈頭轉向的感覺。哲學思考的感覺就像這樣，它就像你在自己的腦袋裡乘坐雲霄飛車。

哲學（Philosophie）的意思是「愛智慧」。這個詞彙源自於希臘文，因為兩千七百多年前古希臘人「發明」了哲學；無論如何，至少他們是最早為哲學命名的人。如同愛情，當我們全心全意地投入時，會感到暈頭轉向，它就像個漩渦，會把我們帶往更深的地方。陷入情網的人，也會不斷地想要得到更多，起先或許只是渴望能夠瞧上一眼，接著便會渴望更靠近對方，和對方牽牽小手，多了解對方一點；最後更會渴望找個地方共組家庭，一起過著甜蜜的生活。

人們也會利用哲學，在這個世界上尋找一個安身立命之處。不過，為了達到這一點，人們必須先了解，這個世界究竟是怎麼一回事。因此，那些投入哲學思考的人便會問：這個世界是什麼？它是由什麼所組成？接著，他們會問：人是什麼？我是誰？為何我會出現在這個世界上？我所察覺與思考的那些事物，是否的確是真實的，還是說，我的感官反映給我的，其實都只是些根本就不存在的東西，正如我在湖面上所見到的天空？這片天空是什麼？它從哪裡開始、在哪裡結束？在天空的後面又是什麼？為何存在著善與惡？我是從哪裡得知，什麼是善、什麼是惡？在我出生之前我在哪裡？為何我一定會死？隨之而來的是什麼？如果到時什麼都沒有，這個什麼都沒有又是什麼？最後這個問題也經常令人感到害怕。害怕失戀的人，請勿墜入情網。不過在哲學裡，每個人倒是都可以自行決定，自己何時要步下思考的雲霄飛車。

哲學是一種科學嗎？知識與智慧有何不同？

嚴格說來，哲學並非一種科學，雖然有許多十分聰明的人以此為業。你可以在大學裡學習哲學，你可以在那裡學到，對於這個世界、對於人類、對於人類應該遵守的生活準則，哲學家們都有些什麼發現。做為學術的哲學，將這些智慧匯集在一起，在今日的知識背景下，賦予這些智慧全新的解釋。

科學家精通自己的專業領域，有時他們甚至會精通兩、三個專業領域。他們會試著去找出與這些領域有關的新事物，接著必須提出強而有力、無懈可擊的證明。科學不僅蒐集知識，同時也致力於拓展知識。智慧則不僅止於此。因此，科學家有時還是需要哲學家的協助。哲學家得去思考，一項新的發明對人類究竟是有利、還是有害？人類是否可以從事所有自己能力所及的事情？例如製造原子彈或培育人工生命（參見 P.148）。你的祖母很有智慧，因為她曾經歷過許許多多的事。她從經驗中得知，不是所有的食物都能以烹調時的高溫狀態吃下肚。當你因失戀而生氣或痛苦時，也許她會用這樣的話來安慰你：「別把這件事看得太重，一切都會過去！」這並不代表她不在乎你的心情，但她知道：這不會是你這輩子最後一次戀愛；每個結束都會有個新的開始。這是十分明智的！

智慧就是能夠看出事物背後的意義。即使人們無法毫無疑問地證實這些意義，它也能讓我們的人生更為輕鬆。哲學正是在嘗試找出更多這樣的意義。

哲學家是什麼？
無論如何，不會是
自作聰明的人

「Si tacuisses, philosophus mansisses!」
這句話的意思就是：保持沉默，別人就
會認為你是個哲人（智者）。什麼!?如果什
麼都不能說，我們為什麼還要想破頭？

「我只知道，我一無
所知。」蘇格拉底的
這句話帶有自我矛
盾。因為他至少知
道「自己什麼都不
知道」的這件事。

上述那句話是拉丁文，出自於古羅馬政治人物暨
哲學家波艾修斯（Anicius Manlius Severinus Boëthius，
參見P.69）。他的這句話後來廣為流傳，因為與其去
談論某些無法證明的事物，從而讓自己陷於困境，
還不如保持沉默比較好。哲學思考代表著不斷重新
去質疑，因為至今為止，這個世界上沒有人能夠真
正回答關於總體意義的問題。所有進行哲學思考的
人，都是憑藉自己的經驗、知識及個人背景，在著手
進行思考。不同的人對於同樣的問題或許會有不同的
結論。而這些結論或許都是對的，或許都是錯的，又
或許有的對、有的錯。如果有兩個哲學家在討論某個
問題，他們或許會爭得面紅耳赤、火冒三丈。驅使真
正的哲學家的則是，蘇格拉底（參見P.53及接續頁）曾
經說過的一句話：「我只知道，我一無所知。」

這也難怪，哲學家經常成為人們所嘲笑的對象。有時他
們會深陷在自己的思考裡，以致人們或許會認為，他們無法
從現實的世界中得到任何東西。正如米利都的泰勒斯（參見
P.43）。有一天，他看著天上的月亮陷入了沉思，結果迷迷糊
糊掉進了一個水池裡。有個女僕見到了他狼狽的模樣，便嘲
笑他：「你連在自己面前、自己腳下的東西都看不到了，居
然還想知道天上有些什麼！」

你知道長襪皮皮（Pippi Langstrumpf）尋找「Spunk」的故事嗎？事實上，根本沒有這種東西。可是，每個被她問到的人，卻都彷彿知道那是什麼。這個詞彙其實只是長襪皮皮的突發奇想。

哲學思考最重要的工具就是腦袋。然而，如果無法用語言來傳達，最棒的想法又有什麼用呢？某些東西你可以用圖像的方式來思考，譬如籠子、花朵、天空或馬匹等等。不過，前提是，你必須認識這些東西。至於在某些概念方面，例如存在或虛無，情況則完全不同。即便你把虛無想像成一個巨大的黑洞，這個黑洞又會是一個指稱特定東西的用語。皮皮所採取的方式正好顛倒過來：她先想出一個名字，然後再去尋找這個名字所指稱的東西。這麼做恐怕不太行得通！我們只能講出那些我們知道的東西，因為我們已經見過、摸過、聽過、聞過、嚐過它們，或至少對它們有些概念，又或者有人曾經告訴過我們，某種特定的東西是什麼。唯有當別人同樣知道，你所寫的或所說的到底是什麼，別人才有辦法理解你。沒有語言（說的或寫的），我們既無法思考、也無法溝通。

在這裡，哲學的情況就如同一個正在探索這個世界的兒童。他先是去探究那些具體的東西，也就是那些我們可以觀察、接觸與獲取的東西，接著才會去探究那些抽象的概念，像是生命、死亡、存在、不存在、善、惡等等。這個部分較為困難，因為人們可能會對這些概念有著不一樣的解釋。哲學正是在嘗試，找出對於這些抽象的東西所有的人都適用的解釋。

所謂的具體，就是所有我們可以利用自己的感官感知的東西。所謂的抽象，就是那些我們只能利用自己的腦袋、而不能利用感官去掌握的東西。

是我們讓事物變成了事物，或者，一塊石頭就只是一塊石頭？

河邊的石頭或許有上千顆、上萬顆，甚至上百萬顆。它們是從哪來的？它們會變成什麼？過了三十年以後，當你再回到河邊，它們又會在哪？

流水將石頭磨得圓滑。有些石頭很平，你可以跳著踩過它們。你撿了一塊小石頭，因為那塊石頭的外型很妙。是誰為它上了如此美麗的顏色？你偷偷地為這塊石頭取了個的名字，叫它做「魔石」。接著你又撿了更多的石頭，等到塞滿了整個口袋這才罷休。過了幾天之後，你問你的媽媽：「我的石頭哪去了？」你的媽媽告訴你：「在把你的外套拿去洗時，將那些石頭掏出來丟掉了。」「啊……怎麼這樣！」你聽了之後很火大，跑去她的書桌那裡，將一直放在桌上的一塊石頭丟到花園裡。到了晚上，你的媽媽問說：「我的石頭哪去了？」你告訴她：「我把它丟了。那不過只是塊石頭罷了！」你的媽媽震驚地說：「那是你爸爸很久以前送我的禮物！」

事實上，那確實「只是」些石頭。可是，對你們來說，它們卻不只是石頭。在某些石頭身上（例如那些我們蒐集來擺在自己口袋裡，做為「忘憂石」的石頭），究竟發生了什麼事情呢？你們賦予了那些石頭某種特殊的意義，對你而言，那些石頭具有某種魔力，對你的媽媽而言，那塊石頭是個愛情的象徵。是什麼讓石頭變成石頭？在它從一塊岩石分解開來時，它才變成一塊石頭嗎？在那之前，它也已是塊石頭嗎？「那不過只是塊石頭罷了！」然而，我們卻能從它們身上得出許多東西，例如用它們來雕刻或用來蓋房子。有時，一塊石頭甚至就能引領我們去追問關於開始和結束的問題：它是從哪來的？它會變成什麼？偶爾我們也會問我們自己這些問題。

我們賦予了這個世界某種意義。然而，如果沒有我們，這個世界會有怎樣的意義？哲學會把你我周遭的事物與人類關聯起來，或反過來將人類與你我周遭的事物關聯起來。

是誰做的!?萬物
是怎麼產生的？

即使存在著一位創造世界、生命和自然的上
帝，依然無法回答這個問題：祂是如何創造出
這一切？然而如果沒有上帝，這個問題或許會
更難回答，因為萬物至少都得有個開始。

　　第一批哲學家（無論認為有神與否）曾尋覓過
衍生出萬物的原始物質。水、空氣、土、火，是他
們所猜測的原始物質。沒有水和空氣就沒有生命。
植物是從土裡生長出來。火則提供了溫暖，沒有溫
暖，所有的生命都會被凍死。

　　感謝自然科學家所做的研究，如今我們對於演
化（Evolution）有了更多的認識。只不過，真的要能
解釋萬物的起源，這些知識還是太少。根據大爆炸
的理論，宇宙是在一百億至兩百億年前的一次巨大
的爆炸中形成。大約在46億年前，我們這個包含地球在內
的太陽系，才終於誕生。地球被認為是唯一有水的行星。水
是賦予生命的汁液。也因此，當一個降落在火星上的機器人
將火星上的影像傳回地球，人們藉此辨識出那裡必然曾經有
水時，這項消息立刻造成了轟動。曾經有誰在那裡嗎？我們
真的是世界上唯一的生物嗎？

　　無論是原始物質或是大爆炸——這兩個**理論**（Theorie）
都無法回答第一個問題與最後一個問題：這些原始物質是從
哪來的？或者是誰造成那場巨大的爆炸？哲學家的工作就從
這裡開始。

我們所用的演化一詞，
指的是世界與生命的
發展。不過，這個詞彙
原本的意思是「打開一
本書」。

理論一詞在希臘文裡
是「好奇心」（Schaulust）
的意思。我們則是用這
個詞彙來指稱某種觀
察方式或假設。

這個世界是從哪裡開始，又在哪裡結束？

你是從何時開始讀這本書？在幾天之內會把這本書讀完呢？你已經讀了33頁。如果你從頭讀到尾，你總共會讀160頁。

這本書有個開頭，也有個結束：無論這兩者所涉及到的是頁數，還是你閱讀這本書所需要的時間。不單只有這本書，就連其他所有的東西，我們也都會根據空間和時間來衡量。空間指的是範圍或某種東西在自己周圍所具有的規模。這本書共有160頁，它會佔掉你書架上兩公分的空間。每種東西都會以這樣的方式與自己周遭的其他東西產生關係。

地球是一個圓周長40,075.017公里，體積1,083.207×109立方公里的球體。它在這個世界上填滿了這麼大的空間。從前的人們無法想像這個空間。他們從不曉得地球到底有多大。他們甚至還認為，地球是塊平面；它的邊緣，也就是地平線，對於他們而言同時也是這個世界的終點。如今我們知道，這個世界實際上要比古人所想的大上許多，地球只是其中很微小的一部分。我們也稱整個世界為**宇宙**（Kosmos或Universum）。整個宇宙有多大，無人知曉；畢竟還沒有人能夠到達它的邊界。就算存在著這樣的邊界，它距離我們也十分遙遠，沒有人能夠長壽到活著抵達那裡。因為要走過如此漫長的旅途，同樣也需要花費許多的時間。

Kosmos指的是世界整體：這個字源自於希臘文，原意是秩序（Ordnung）。Universum這個字源自拉丁文，意思是「整體」（ganz）或「全部」（sämtlich）。它其實是由「unus」（一）和「versus」（轉向）兩個字所組成，原意是「回歸為一體」。

這個世界真的會有盡頭嗎？

在這樣的思考裡暈頭轉向，不需要非得是個哲學家。我

們的思考需要一個範圍，否則我們將迷失於無窮無盡之中。無窮無盡超越了我們的設想能力，因為所有我們能夠理解的東西，都有個開始與結束：譬如這本書、你的學業、生命，以及思考能力。

但是，這也同樣適用於這個世界嗎？即使這個世界有個界限：在那個界限之外，難道沒有別的東西嗎？或者那裡其實一片空白？那麼，這一片空白又是什麼呢？我們無法想像。光是試著去想像，就會令我們感到害怕，害怕墜入虛無。

在時間方面，情況也是一樣。我們知道我們的生命有限，也就是說，是有終點的。可是，在我們出生之前就已經有了時間，在我們去世之後也還會有時間，時間會繼續存在下去。然而時間真的會無窮盡地存在下去嗎？如果它不是永恆的，那會發生什麼事呢？同樣地，這也會令我們感到害怕。畢竟，如果真有時間的終點，我們也只能把它想像成這個世界的終點。沒有什麼事情會比世界末日更令人類感到害怕。因為世界末日也有可能就發生在明天。

> 「真正的世界動也不動且永恆地靜止著，它沒有起點，也沒有終點。」──巴門尼德（Parmenides, 參見P.47）

數學家和物理學家試圖測量空間與時間。哲學家則是探究空間與時間本身究竟為何，而人類可以或應當在其中扮演怎樣的角色。這則是一個與生命的意義有關的問題。

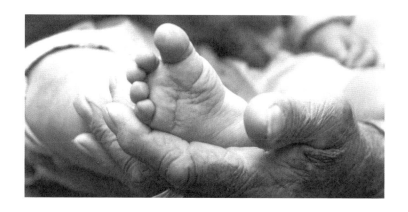

我是誰？我想要什麼？我會變成什麼樣子？

在每個新的人生階段，我們都會重新檢視自己。我們周遭的世界發生變化，我們自己也跟著改變了。當你的媽媽發現了自己的第一根白頭髮，她或許會問自己：天啊，我現在是不是老了？也許她會回顧自己截至目前為止的人生：我錯過了什麼嗎？什麼才是我真正想要的？未來我還會遇到些什麼事？當你的爺爺突然需要一根枴杖，上坡對他來說變得困難重重，他或許會陷入沉思。雖然他知道自己是誰，雖然他知道自己想要什麼。可是他還是問自己：我將來會如何？

年僅兩、三歲的兒童會有一種無所不能的幻想：他們會對於自己能做任何事感到興奮，並且認為自己能夠掌握一切。如果無法做到，他們便會非常生氣。當你入學後，你很快就發現為了獲得成功，自己必須努力付出。如今，你明白了，有些事情是你完全做不來或根本無法去影響：你會生病，有人會發生意外，你在電視上看到了許多災難、飢荒、戰爭和死亡的影像。有時候你會充滿自信，覺得整個世界都是屬於你的！你的眼前有個目標，你想成為像你父親、某位明星或是隔壁親切的太太那樣的人。有時候疑惑會讓你感到煎熬，你會問自己：我會變成什麼樣子呢？哲學正是在找尋這些問題的答案，不僅在找尋適合個人的答案，也在找尋適用於人類全體的答案。我們可以利用哲學所提供的相關知識，不過每個人都會藉由這些知識從頭開始。

「如今我站在這裡，我這個可憐的傻瓜，我並不比從前聰明到哪裡。」每個進行哲學思考的人，就好比歌德的偉大劇作當中的主角浮士德。我們不曉得，是否確實存在著確切的答案。

**你打我，我就打你！
什麼是善，什麼是惡？**

那麼，那些蜜蜂是好的囉？在哲學的意義上，是的。因
為牠們根據自己的物種做了對的事情，為了避難而螫傷
別人。不過，如果你攻擊了某人，你在緊急的情況下拿
起一個瓶子砸到他的頭上，把他打成重傷，這時又是如
何呢？在這種情況下，你的舉動對你而言是善，可是傷
害了別人卻是惡，不是嗎？你或許會說：「我沒有別的
選擇！」在有疑問的情況下，法官會去釐清情況是否確實如
此。不過，即使他認為你是對的，在那之後，你或許也會感
到良心不安。

　　善與惡，對與錯，在某些方面，似乎很容易就能將事物
或行為方式做出正確的歸類。當你在「一加一等於多少」這
道數學題上回答3，你的答案明顯就是錯的。不過，當你說
「蘋果是好的！」，這時情況就會變得困難許多。你的姊姊可
能會有不一樣的看法，因為她只喜歡酸蘋果。當涉及到評價
人類行為的對與錯或好與壞，同樣也會變得十分困難。哲學
對於好與壞有許多不同的標準，當一項事物盡可能完全
符合我們對它的想法，它就是好的，或者，它（例如蜜
蜂）完全滿足它所屬種類的要求。不過，我們人這個種
類的要求是什麼呢？我們必須做些什麼，什麼是我們可
以做的？尋找道德正確的生活準則就稱為「倫理學」。

德國最偉大的哲
學家之一康德（參
見P.107）認為，濫
用自由讓自己受
益同時讓他人受
害，這便是惡。

2

發現自然——
萬物是如何開始的

Der Natur auf der Spur –
wie alles begann

神與世界：信仰和哲學彼此有何關係？

你知道亞當和夏娃的故事嗎？這兩個最初的人類憑藉自己對於天父的信仰，原本過得相當安逸。儘管如此，他們還是偷嚐了禁果。為什麼伊甸園對他們來說還是不夠？

《聖經》把夏娃摘取蘋果的那棵樹稱作「知識之樹」。「如果你們吃了知識之樹的果實」，蛇告訴最初的人類，「你們就會變得和上帝一樣！」為何人類想要這麼做？為何待在上帝的伊甸園裡受到良好的照顧，對他們來說還是不夠？人類顯然總是很想超越自己。在哲學的意義上，信仰「只是」一種在主觀上「以為是真」，誠如康德（參見 P.106）所說的那樣。「主觀」的意思就是，信仰是取決於那些相信某些事物的人。教會當然不這麼認為，否則的話，負責解釋信仰的他們，就會變成是多餘的。雖然擁有科學與研究，人類卻依然喜歡把自己無法解釋的東西歸給更高的存在，藉此讓自己能過得輕鬆一點。

人類已學會了利用大自然來幫助自己、種植農作物、製造工具，甚至飛上月球，這一切全得歸功於他們的好奇心和求知欲。不過人類還是會一再遇到一些，自己無法去影響，卻也無法逃避的事情。儘管如此，或者正因如此，信仰和哲學兩者並不必然相互矛盾。哲學經常也會利用信仰，要不就是將信仰解釋成知識的最高層次，要不就是當成用以認識的工具。某些哲學家曾經試圖證明上帝的存在，這也是教會所樂見的。另有一些哲學家則是反其道而行，嘗試去證明上帝不可能存在。

事實上，也有這類信仰。大約西元前500年，也就是約

莫古希臘開始出現哲學之際，印度有位名叫悉達多（Siddhar-
tha）的王子，創立了一個沒有神的宗教。

釋迦牟尼說：眾生皆苦。

　　因此，人類必須從這樣的苦難中解脫。悉達多也發現如
何達成這一點的方法：他在「他的」智慧之樹（一顆無花果
樹，又稱菩提樹）下沉思時，悟出了那些道理。從那之後，
他被尊稱為佛陀，意思是「覺悟者」。佛陀的哲學
是無常。佛教相信輪迴轉世。脫離輪迴轉世便是從
所有苦難中解脫的方法。為此，人必須先放下自己
對世界及人生的所有牽絆，他的心靈才能達到所謂
的涅槃，也就是一種歸於虛無，但卻圓滿而寂靜的
狀態。如果相信佛陀的學說，對於虛無的恐懼自然
就會消散。這便是佛教的宗教特質。

「由於存在著某種東
西，所以存在著某種永
恆之物，因為沒有什麼
東西是來自於虛無。」
這句話出自於法國哲
學家伏爾泰（參見P.105），
他雖然相信上帝，但卻
十分厭惡教會。

佛陀，「覺悟者」。

發現自然：誰是最早的哲學家？

這個世界是用什麼做的？這個問題讓那些最早的哲學家傷透了腦筋。曾經有過神話、天神或超自然的力量。但是，祂們——無論祂們是誰——是用什麼造出了萬物？

什麼是自然？什麼是樹？為什麼植物會從土裡長出？什麼是一切的起源？萬物的產生以及以不同的形式出現在這個世界上，難道不用事先存在著什麼嗎？大約在兩千五百年前的古希臘，哲學開始了對於原始物質的探索。因此，哲學的首批代表人物也被稱為自然哲學家。不過，比他們更早的人類當然也不笨，當時已有高度發展的文明（人類社群）與文化，人類已掌握了不少關於農耕、數學、航海和其他許多事物的知識。他們不僅會借助工具讓生活更加便利，會利用動物幫忙從事某些工作，還會修築房屋和神廟。以古埃及人為例，他們當時便已興建了金字塔。為此，他們必須具備計算的能力。

當時的那些哲學家，既不是為了神、也不是為了讓生活舒適，這些「智慧的愛好者」其實只是單純出於好奇，他們想要知道，自然界中各種不同的東西以及它們的變化究竟是怎麼來的。因此，自然科學，特別是物理學，也隨著最早的自然哲學家和他們的問題：「什麼是來自於什麼、從什麼可以變成什麼」一同展開。這些「蘇格拉底之前的哲學家」，是最早為自然界尋找不是出自於信仰的解釋的先驅。

自然哲學家也被稱為「蘇格拉底之前的哲學家」，因為他們的後繼者之一蘇格拉底（參見P.53）在西元前399年過世後，開始了一種新的哲學。從蘇格拉底起，人類才躍居哲學的中心。

我們是水做的嗎？
米利都的泰勒斯是
如何發現他的原始物質

這位來自土耳其商港城市米利都（Milet；在泰勒斯生存的年代〔約625-547 B.C.〕，這個城市曾屬於希臘）的商人，是個德高望重的人。他是第一個準確預測日蝕的人（於西元前585年5月28日），也是第一個找出如何確定船隻距離岸邊多遠的方法的人，更是首位利用陰影計算出金字塔高度（藉由在自己的影子與自己的身高相等時，去測量金字塔的陰影長度）。此外，他也是個十分聰明的商人：有一回，他察覺到該年的橄欖將會大豐收，於是把自己買得到的所有搾油機全部掃購一空，待橄欖收成之後，再高價將機器轉租給別人。

米利都的泰勒斯終生未婚，也無子嗣。有人問他，為何不想為人父母，他的回答是：「基於對孩子的愛！」

　　泰勒斯見多識廣，他曾經從埃及帶回天文學的知識，也曾以土地測量員的身分參與灌溉溝渠的修築。也許正是在這個過程中，他產生了那些我們因而尊其為已知最早的哲學家的想法：泰勒斯觀察到，每年尼羅河是如何藉由氾濫使沿岸的土地特別肥沃。埃及人也因此將尼羅河奉若神明。米利都的泰勒斯確信，「萬物本源於水」，他主張所有的存在與形成都能回溯到水這項原始物質。也因此，泰勒斯也被譽為首位「**唯物主義者**」。後來，據說他還曾補充道：「萬物充滿神靈。」

哲學將那些把所有的存在回溯於某種材料、某種物質的思想家稱為「唯物主義者」。相反地，「唯心主義者」則是在尋找萬事萬物背後的理念。

什麼是哲學學派？
第一個哲學學派
如何在米利都形成

米利都的泰勒斯解釋世界的方式在當時可說是十分新穎。另外兩個米利都人，阿那克西曼德與阿那克西美尼，跟隨了他的腳步。於是，這三位最早的哲學家也被稱作「米利都學派」。

哲學學派並不是有老師在裡頭告訴學生該學些什麼的高中。在學派裡，必須自己去思考。人們其實是將某種思考方向稱為某個哲學學派，在這當中有一群哲學家遵循著某種共同的基本想法。不過，儘管如此，他們每個人還是有可能得出不同的結論。

就如同泰勒斯的兩位後繼者，阿那克西曼德（Anaximander, 610–547 B.C.）與阿那克西美尼（Anaximenes, 585–525 B.C.）。和他們的老師泰勒斯一樣，他們也思索了原始物質。在沒有從事哲學思考的時候，阿那克西曼德是個實用至上的人：他曾經繪製出最早的地圖，並且仿照巴比倫人造出日晷。他把地球想像成一個漂浮在宇宙裡的圓柱體，被許多火輪所圍繞。他認為生物是從泥漿裡衍生出來，而人則是從魚變化發展而來。不過，阿那克西曼德主張在這種原始物質之前，存在著某種無限定的東西，這種無限定的東西會促成諸如乾濕或冷熱等一切對立，這些對立會持續不斷地抵銷，直到它們復歸於無限定。阿那克西曼德將這種無限定稱作「無限者」（Apeiron）。阿那克西美尼則認為，泰勒斯以為萬物起源是水，其實應該是凝結和疏散的氣體，我們的地球也是由氣體所形成。氣體是他所主張的原始物質，當它被稀釋時就會產生火。至於地球，在他看來則是一塊漂浮在原始物質裡的板子。

與這三位最早的哲學家有關的事蹟，我們都是從他們後繼者的記述中才得知。阿那克西曼德有個陳述被當成殘篇（也就是記錄的片段）保留了下來：「萬物所由之而生的東西，萬物消滅後復歸於它。」

萬物皆數？
好吧，謝謝你，
畢達哥拉斯先生！

如果想要估量這個世界，免不了得要計算。
過去有許多哲學家同時也是數學家。其中之
一的畢達哥拉斯甚至曾說：「數是存在的原
則。」或者，換句話來說：「萬物皆數。」

畢達哥拉斯（Pythagoras, 570–495 B.C.）不在原始物質
裡尋找世界的本質，而是在原始法則中。他發現，
萬物都能拆解成數字。對他而言，這個世界是個和
諧的整體，這個整體是由一些構成之物所組成，而
它們則可以進一步用數字來表達。就連音樂，對他
來說也是數。他是在將一條弦對分並敲擊它時想到
了這一點。他所製造出的聲音，正好比敲擊一整條弦的聲音
高了8度。如果把弦長縮減成原本的四分之三，聽起來就是
一個4度（＝4個音階）；把弦長縮減成原本的三分之二，聽
起來就是一個5度（＝5個音階）。畢達哥拉斯將弦的三個音
程比擬成人類的三種生活方式：理性、非理性與美德。在這
當中，美德代表了介於另外兩者之間的和諧。

　　畢達哥拉斯曾建立屬於自己的社群，這個社群的生活目
標正是在於達到此種最高的和諧。畢達哥拉斯學派的成員必
須遵守嚴格的生活規範：舉例來說，他們不能吃蠶豆，因為
蠶豆的花上有黑斑，在他們眼中是種死亡的象徵。
畢達哥拉斯學派的成員相信轉世，唯有當靈魂達到
最高的和諧，它才能脫離轉世。畢達哥拉斯的追隨
者中也有女性，其中包括史上第一位哲學女學生席
雅諾（參見P.140）。她後來成為畢達哥拉斯的妻子。

或許你曾在學校裡學
過畢氏定理「$a^2 + b^2 = c^2$」，這項公式指出，直
角三角形的兩個直角
邊長度的平方和，等於
斜邊長度的平方。

我能否在同一條河流裡游兩次泳？赫拉克利特的萬物皆流

想像一下，你跑到伊薩爾河游泳。明天你還想再去那裡。到時你會在同一條河裡游泳，畢竟你去的地方同樣是伊薩爾河，而不是萊茵河。

難道不是嗎？你兩次前去游泳的那條河，難道不是同一條河嗎？「不，才不是！」在古希臘哲學家赫拉克利特（Heraklit）看來，那並非同一條河。畢竟，你昨天在裡頭游泳的那些水早就流掉了。換句話說，如果你再去那裡游泳，那裡的水已經是不一樣的水。就連你自己，其實也有所改變。你會老了一天，從而再也不是前一天的那個人了。「萬物總是不停地在改變」（希臘文是 Panta rhei，意即萬物皆流），是赫拉克利特的一項學說。赫拉克利特生於西元前540年，逝世於西元前480年。他出身於以弗所（Ephesus）的一個貴族家庭。對他而言，這個世界是由永恆的運動與對立所構成。唯有當我同樣認識了冷，我才知道什麼是熱。沒有哪個白天沒有黑夜，沒有哪個戰爭沒有和平。赫拉克利特有過一句名言：「戰爭是萬有之父。」在這當中，戰爭所指的並不是一場暴力衝突，而是一種萬物總是處於相互爭鬥的法則。這種法則其實是好的，因為從相互對立的永恆爭鬥中會產生出和諧，會形成讓世界保持平衡的均勢。沒有生命就沒有死亡，沒有死亡也就沒有生命，因為唯有當事物消失，才能釋放出新的位置。赫拉克利特認為火是永恆的，是萬物的本源。一團火的外觀總是一樣，雖然它不斷地在消耗新的油。至於人，赫拉克利特則認為理智——邏各斯（logos）是火，它驅使了人類，也維護了人類的生命。在萬物的實質原始物質上，赫拉克利特增添了某些抽象的東西，他所增添的東西就是理性。

由於赫拉克利特，人類才首次對自己感到訝異。因此，必須了解他所說的：「邏各斯是靈魂所特有。」邏各斯是取決於理性的思考（相對於僅以意見或信念為基礎的神話）。

虛無不能存在嗎？
巴門尼德的「存在」

這位出生於義大利艾利亞（Elea）的哲學家，直接了當地確認了「存在」，進而創立了艾利亞學派。巴門尼德（Parmenides, 515–480 B.C.）曾經為了思考不存在能否存在而傷透腦筋。最後他得出的結論是：我所談論的，必然也存在。同樣的道理也適用在我所思考的。如果我所思考的對象不存在，我也就無法去思考它。因此，當我思考不存在時，不存在還是存在。對他而言，我們覺得不存在不應該存在，這只不過是一種幻覺。他不相信來源與形成那一套。所有的一切早已存在在那裡，就連不存在也不例外。巴門尼德也被譽為第一位**理性主義者**（Rationalist），因為他用理性與邏輯來說明這一切。

　　讓我們再回到沒有或不存在。請你想像一下以下的情況：你的一位朋友告訴你，他昨天沒有去足球場。你對他說：「嗯，我知道。我昨天完全沒看到你。」你看到了什麼？你能否看到什麼不在那裡的東西？當然不行。可是你也沒有看見你的朋友。那麼，什麼是完全沒有？你當然看到了某些東西，只是沒看到你的朋友。可是也不是完全沒有。事實是，你沒看見他，並不代表他不存在。

　　那麼，先前提到長襪皮皮的Spunk（參見P.31）又是如何呢？巴門尼德或許會說，當她想到它，它必然也存在。就算它不是Spunk，也會是不存在，不過它也還是存在。否則的話，她就不能談論它了！

在巴門尼德這位理性主義者看來，只有那些根據理智的事情才是真的，因為感官會欺騙我們，從而會讓我們無法掌握真實。從巴門尼德起，哲學開始有了本體論，也就是關於存在的理論。

世界是一個拼圖嗎？
德謨克利特
所想到的永生

當你看到自己兒時的照片，你會有什麼感想呢？你當然已經有所改變，不過你還是能夠認得出自己。你是另一個人，卻也是同一個人。

當萬物不斷地在改變，可是無論如何還是有些同樣的內容保留了下來，萬物背後必然隱藏了某些東西同時支撐起這兩者：雖然外型改變，某個事物依然是某個事物。

這種想法是源自於德謨克利特（Democritus, 460–370 B.C.）這位哲學家。他曾住在愛琴海沿岸，如同前述三位米利都的哲學家（參見 P.43），也是藉由觀察自然進入哲學思考。對他而言，謎題的答案就是萬物必然是由一些永恆的最微小部分所組成。他將它們稱為「原子」（Atome；原意為「不可分割」），因此他也被稱為「原子論者」。德謨克利特表示，這些原子不斷地在運動著，它們在宇宙中四處飄浮，一再重新聚集成我們可以見到的東西。人類同樣是由原子所組成，就連其靈魂也不例外。因此，德謨克利特以永生為出發點。他是首位創造出自然科學宇宙觀的人，儘管他當然無法確實將個別的東西分解成最小的組成部分；這一點，科學家在超過兩千年後才總算辦到。如今我們終於知道，包括人類在內的萬物，的確是由原子所組成；德謨克利特的理論與直覺，果真沒錯。只不過，現代科學家憑藉著核分裂的技術，推翻了他「原子不可分」的看法。德謨克利特也被譽為是「歡笑的哲學家」。據說，他是個快樂、平衡的人。

3

思考、談論、行為
Denken, Reden, Handeln

斷章取義的人或自以為是的人：誰是詭辯學者？

你肯定知道這樣的情況：你和你的父母、哥哥姊姊或其他的大人爭論某些事情，最後倒楣的、幹苦差事的總是你！他們的口才根本讓你提不出理由來反駁。

這個世界是什麼？它是用什麼做成的？它的背後隱藏了什麼？這些都是讓古希臘的自然哲學家想破頭的問題。在思索這些問題時，他們完全不會考慮到這些問題在日常生活中能為他們帶來什麼益處。他們的後繼者，辯士學派（Sophisten；或稱詭辯學派）卻是著重在實用上。他們的實用取向表現在兩個方面，由於相較於普遍的萬物，他們對人更感興趣，因此他們所看重的是人都在思考些什麼、如何思考，以及藉由思考可以做些什麼。辯士學派的人以教育者或流浪教師的身分，將他們的知識傳給別人，並藉此收取報酬。「Sophist」一詞的原意其實是「智慧的老師」。不過，辯士學派的人並非只是傳授知識。因為如果人們無法將最棒的想法傳播給人群，那些最棒的想法又有什麼用呢？如果你講了半天還是沒人聽得懂你在說什麼，你說了一大堆又有什麼用呢？因此，辯士學派的人也傳授他們的學生談話技巧，也就是所謂的修辭學（Rhetorik）。在古希臘的公民社會裡，由於每個自由人（除了婦女與奴隸之外的所有公民）都能在市集、人民議會和法庭上爭取支持或認同，因此修辭技巧是一項十分重要的能力。

詭辯一詞至今仍被當成某種罵人的話。有時候，當大人被其他人說到啞口無言，或是被對方用巧妙的言辭弄到快抓狂，他們就會大罵：「停止你的詭辯!!」

　　與辯士學派同時代（西元前4世紀）的許多人，都瞧不起他們，在這些人眼裡，利用思考與知識來做交易是一件不道德的事。古希臘著名的歷史學家暨作家色諾芬（Xenophon），甚至還曾把辯士學派說成是「妓女」。

不同的國家行不同的習俗，旅行可以增廣見聞，這一點你肯定已經曉得。然而，如果某件事在某個國家被視為是好事，可是在另一個國家卻被視為是壞事，這時到底什麼是對的、什麼是錯的呢？

什麼是懷疑論者？ 普羅泰格拉與 「人是萬物的尺度」

普羅泰格拉（Protagoras, 約483–410 B.C.）可說是辯士學派（參見前一節）的第一個成員，他曾以流浪教師的身分四處雲遊了40多年。他從這些過程當中體會到：關於什麼是對的、什麼是錯的，其實並沒有放諸四海皆準的真理。他的這種看法為他招致了不少敵人，因為不僅是每個人，就連每個社會、每個國家，也都在尋找正確性無可動搖的規範或律法。相反地，普羅泰格拉則對所有的真理都表示懷疑。像他這樣，對萬事萬物都會表達「是的，不過……」這種態度的人，被稱為懷疑論者（Skep-

普羅泰格拉說明自己對神產生懷疑的理由：有許多事情阻礙我們去認識神，「無論是這件事的晦暗不明，或者是人類生命的短暫。」

tiker）。懷疑論（Skeptizismus）日後也成了一種哲學的取向。人們對事物的判斷意見紛歧，這在日常生活中其實經常發生。你或許會說：「今天的風很溫暖！」不過你的祖母卻可能覺得，那樣的風還是很冷。普羅泰格拉進一步延伸這些想法，他主張：「人是萬物的尺度。」因為事物是什麼樣子，完全取決於人的感覺。在這種觀點下，做為善與惡最高裁判者的神，完全無關緊要。最後，普羅泰格拉更表示：「關於神我一點也不想知道，無論祂們存在與否。」由於他的這番言論，導致他在雅典被人控告褻瀆神靈與惑亂少年，並且被判處死刑。他選擇了逃亡。遺憾的是，據說在乘船前往西西里島途中，他遭遇海難，不幸溺斃。

什麼存在，什麼不存在？高吉亞的「玩笑」

請你抓一把空氣。你察覺到了什麼？什麼也沒有？那你怎麼能說「我什麼也沒有察覺到」？如果你察覺到什麼也沒有，其實你還是察覺到了什麼。否則你就不能說：我什麼也沒有察覺到。只不過，你還是無法用言語去描述它。

在辯士學者高吉亞（Gorgias, 485-380 B.C.）的驅使下，我們腦袋裡的雲霄飛車開始加速。他將懷疑論（也就是前一節所提到的，普羅泰格拉的「是的，不過……」）推向高峰。關於不存在的問題，早在巴門尼德（參見 P.47）便已開始研究，他得出的結論是：「沒有」不存在！換言之，不存在是存在的。如今高吉亞則證明了這個結論的反面，他表示：根本沒有任何東西可以存在！如果存在著什麼東西，我們也無法認識它。如果那個東西是可以被認識的，我們也無法傳達那些「知識」。這就好比我們抓了個空。雖然你說你察覺到什麼也沒有，可是你卻既不能認識它、也不能描述它。你的感受完全是你個人的事，高吉亞把它稱為意見（Meinung）。在這位辯士學者看來，它必須和被想像成是存在的東西一樣。若非不存在不能不存在，因為不存在也存在，就是基本上什麼也不存在。

這位辯士學者是否確實認真地如此認為呢？或許他其實只是想要指出，人們可以利用言語創造出一切。無論如何，他曾是個炙手可熱的修辭學大師，尤其是在法庭辯論方面。然而，如果在法庭上勝訴的總是那些更加善於言辭的人，那麼什麼是對的、什麼是錯的呢？在高吉亞看來，沒有什麼對錯，有的只是也可能會改變的意見。因此他的結論就是，真理不可能存在。

如果我們同意高吉亞的說法，修辭學就不是說話的藝術，而是勸說的藝術。

哪一種方式的學習效果比較好：老師用一些教材去填鴨學生，還是由老師提出問題，讓學生自己試著去找出正確答案呢？大家都會覺得自主學習的成效比較好。採取第二種方法，至少不會有人在課堂上睡覺……

問、問、問：什麼是蘇格拉底的原則？

借助問題學習，以取代被人教授：這是古希臘最偉大的哲學家之一蘇格拉底所採取的方法。蘇格拉底生於西元前470年，卒於西元前399年。他有時會以一連串沒完沒了的問題，質問雅典同胞到快要發瘋的程度。無論他在哪裡、遇到什麼人，他都會用這種方式「招待」對方：不管是在城市廣場，還是雅典的街頭，無論他談話的對象是受過教育的人，還是沒受過教育的人。蘇格拉底的精神武器是語言。不過，有別於辯士學派的人，他的目的並不在於強詞奪理或傳授技藝，而是要激勵自己的同胞獨立思考。與他交談的人，通常一開始都沒察覺到他要把他們引誘到哪去：舉例來說，如果有人說了像是勇敢、虔誠或美德之類厲害的詞彙，蘇格拉底就會問他們這些詞彙到底是什麼意思。每提出一個解釋，蘇格拉底就會跟著提出一個新的問題。往往他的「受害者」到了最後只能傻站在那裡。蘇格拉底曾經用「我只知道，我一無所知」這樣的話來形容自己。他的意思其實是，我們人類必須不斷地去追尋真與善。在這個過程中，理智能夠幫助人類。蘇格拉底的反問法也稱作「接生術」(Mäeutik)，這是根據他母親的職業來命名。在他看來，知識其實已存於在每個人的身上。他希望能充當助產士，幫助和他對話的人，將他們自己的知識帶到這個世界上來。他促使他們去運用自己的理智。

我們對於蘇格拉底所知的一切，多半都是來自於他的學生柏拉圖（參見P.56）的記述。他沒有任何親自撰寫的作品流傳於世，據說他本身其實從不書寫。

這位蘇格拉底到底是誰？為哲學開啟新方向的怪人

據說蘇格拉底長得很醜，他經常光著腳在城裡走來走去，有時他還會因陷於沉思而站在路中間許久，直到突然靈光乍現。這一站，可能就是好幾個鐘頭。

也難怪這位古怪的哲學家遭到許多人的嘲諷：像是「雅典的傻瓜」這類綽號，至少還算是比較好聽的。不過，這位哲學家倒是為哲學帶來了一些新的東西。蘇格拉底向人們提出一些惱人的問題（參見上一節），但並不像某些詭辯家那樣，是為了強詞奪理或賺取金錢。他並不以此牟利，雖然他經常因為賺錢的事和他的妻子贊西佩（Xanthippe）發生口角。蘇格拉底的目的其實是在於，找出什麼是真、善及正確。

他尋找人生背後更高的意義。

直到今天，與道德上的正確行為有關的問題，也就是所謂的倫理學，仍然不是只有哲學家在探究，我們所有的人其實也一直在探究這些問題。蘇格拉底認為，如果要正確地過生活，思考、談論與行為這三者就必須相互協調。

身為雅典的議員，這位石匠與產婆的兒子十分受人敬重，因為他總是堅持不懈地致力於追求正義。然而，他在雅典街頭的提問，卻也造成了民眾的不安。他所說的「我只知道，我一無所知」，這句話是一種挑釁嗎？他是想要嘲弄大家嗎？可是德爾菲神廟（在那裡，人們可以請女祭司皮媞亞〔Pythia〕指點迷津）的神喻卻曾表明，蘇格拉底是最聰明的希臘

直到今天，人們還會以贊西佩來稱呼那些喜歡吵架的女性。19世紀德國哲學家尼采（參見P.124）曾表示，如果沒有贊西佩，或許就沒有蘇格拉底，說得更明白一點，如果沒有她的嘮叨把他趕出家門，蘇格拉底或許就不會成為蘇格拉底。

人。蘇格拉底那句話的意思其實是：如果我們能夠認清，有多少東西是我們不知道的，就會明白我們所知道的其實少得可憐。

為了讓蘇格拉底閉嘴，人們以褻瀆神明和腐化青年心靈為由，將他告上法庭。蘇格拉底為自己辯護的演說，可說是上古時期最著名的文學作品之一*。這位被告表示，公開的哲學思考，是他內心一股神聖的聲音賦予他的使命，他必須聽從。這股聲音告訴他，他必須督促這個城邦，就好比一隻蚊子叮咬一匹懶洋洋的馬，促使這匹馬快步奔跑。而法庭的判決是：有罪！處以的刑罰則是：死刑。在被問到就他自己看來，對他施予什麼樣的懲罰才算合理？蘇格拉底的回答竟是：給他終身免費的食宿招待。在當時，這是給予奧運選手的獎勵。於是，蘇格拉底就這樣確定了自己的死刑。他拒絕逃亡，因為這種舉動無異於認罪，而且這也是對城邦不忠（不尊敬）的行為。最後，蘇格拉底就在飲盡一杯毒堇汁後，親自執行了自己的死刑。

由於他的死亡，蘇格拉底成了哲學的殉道者。一個殉道者寧可一死，也不願背叛自己的信念。蘇格拉底相信某種死後的生命。也因此，他對死亡一點也不恐懼。

* 編註：即柏拉圖《對話錄》的其中一篇〈申辯篇〉（Apology）；柏拉圖記錄了蘇格拉底接受審判時的個人申辯詞。

蘇格拉底之死。

事物就是事物看起來那樣嗎？柏拉圖的洞穴比喻與觀念論

你們想要買一匹馬，於是你們前去某個養馬場參觀。你看上一匹灰斑白馬，可是你的哥哥卻覺得另一匹棕色的馬比較漂亮。他說，「馬」必須是「棕色的」！

這簡直是胡說八道！無論白馬還是黑馬，牠們不也都是馬。但是你的哥哥眼裡卻只有棕馬，馬在他的觀念裡就是棕色的。你才不管牠們是什麼顏色，只要會乖乖聽話就好。這世上有無限多的馬，可是當我們提到馬的時候，我們每個人都曉得，那指的是什麼，雖然我們每個人所想的或許不盡相同。在基本的外型上，所有的馬看起來全都大同小異，牠們看起來不會像豬。為何會如此？是否存在著某種組成一匹馬的模式？同樣的道理也適用於椅子、樹木……那麼，在價值方面呢，例如善與惡、美與醜、正義與不正義等等，它們的情況又是如何？

蘇格拉底有個名叫柏拉圖（Plato, 427–347 B.C.）的學生，他也參與了控告蘇格拉底的那場審判，並且深深地為自己的老師所遭到的判決及死亡感到哀傷。後來，他不斷地思索：那場審判是否真是正義？到底什麼是善與惡？蘇格拉底不是曾經說過，這一切應當一以貫之，而非取決於意見？萬事萬物，無論是東西還是價值，不是都應該有個基本的理念嗎？

柏拉圖也曾問自己：為何我們會把一匹馬認作是馬？那無非是因為，當我們見到一匹馬的時候，我們再次認出了存在於我們腦袋裡的馬的形式。可是，我們看到了什麼？我們所看到的，只不過是馬的一種外型，因為每匹馬看起來還是有所不同。善與惡、正義與不正義這些情況，難道不是類似於馬的情況嗎？蘇格拉底所說的內在的

柏拉圖曾在一片以希臘神話人物阿卡德摩斯（Akademos）命名的小樹林裡，創立了一所哲學學校（學院）。至今，那些做研究的人仍被稱為學者（Akademiker）。

你只是單純活著，還是有在動腦？　　　質疑所謂理所當然的事

聲音，所指的無非是良心。每個人都曉得這種，當我們做了什麼不是完全正確的事情時，會在內心裡產生的嘀咕。我們通常會稱這種情況為良心不安。可是，為什麼會這樣呢？如果每個人都會如此，難道沒有某種關於善與惡的基本理念，存在於我們每個人的內心當中？後來，柏拉圖發現到，人如何才能找到這些本源理念。在他看來，人的心靈（參見下一節）是感官世界與觀念世界的中間人。

我們所看到的、聽到的、感覺到的，全都是感官世界的組成部分，而這一切的外貌都會改變。同樣的道理也適用於人類的身體：一個人出世時是個嬰兒，接著他會變成兒童、青少年、成人，最後變成老人。我們出世，然後老化，最後死亡。然而，關於什麼是人的觀念，卻自始至終都是一樣的。

這些本源理念是萬事萬物不變的形式。

它們存在於觀念世界裡。為此，柏拉圖想出了一個稱作「洞穴比喻」的故事：有一群被綁住的人坐在一個洞穴裡。他們的身體被固定住，只能背向洞口，面向洞內的一面牆。外頭的光線會透過這個洞穴的裂隙照進來，他們則會在牆上見到一些他們認為是樹木、馬匹、岩石之類的東西。他們所看到的，只不過是樹木、馬匹、岩石等東西的原型所造成的陰影，這些東西全在那個洞穴之外，洞裡的這些人對它們一無所知。如果其中有人解開綁住自己的繩索，爬到上頭去，他將會看見那些真實的東西，它們的**理想**（ideale）原型：也就是樹木、馬匹或岩石等東西最完美、最真實的形式。他同時也將發現，自己在洞穴裡所見到的影像，只不過是些彆腳的副本。這時他會回去找其他的人，將自己的發現告訴他們，試著說服他們，與他一同進入那個真實的世界，也就是觀念世界。柏拉圖認為，找出這樣的原型正是哲學家的使命。

理想是完美的體現。沒有什麼能比它更美、更好。它百分之百符合一項事物賴以為基礎的理念。

什麼人是最好的君主？柏拉圖的靈魂、國家和愛的觀念

國家該由什麼人來治理？最好是由最好的人！最有智慧的人就是最好的人。對柏拉圖而言，哲學家便是這樣的人（還能有誰？）。柏拉圖將國家比喻為靈魂。

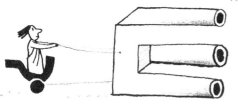

《理想國》(Politeia) 是柏拉圖主要的著作之一，他在這部著作中表達了自己對於理想國家的看法。

在柏拉圖看來，靈魂就像一輛由三匹馬一起拉的馬車，領頭的那匹馬是理性，其餘兩匹馬則是勇氣和欲望。如果理性能夠控制感性和衝動，靈魂就能認識觀念世界且沉浸在其中。對它的追求，柏拉圖則稱之為愛。不過，時至今日，一般人所謂的柏拉圖式的愛情，指的卻是某人單純喜歡某人，卻不想與對方在身體方面有更進一步的接觸。然而，就連性愛，感性的愛，對於柏拉圖而言，同樣也和性無關。在他看來，性愛是哲學，是對智慧的追求。

正如靈魂分成三個部分（理性、勇氣和欲望），柏拉圖也認為，人類的共同體「國家」也分成三個部分。他將人區分成三種階級──可與印度的種姓制度相比擬。在他看來，哲學家是最高等級，國家應該由他們來領導，因為他們擁有必要的智慧。第二級則是士兵，他們必須負責保衛國家。其餘的民眾則是負責生產糧食，並且提供一切生活所需的東西，諸如農夫、漁夫、工匠等，都是屬於這第三個階級。

和靈魂一樣，國家也必須致力於追求基本的美德，也就是智慧、勇敢與節制。一旦實現了這三種美德，第四種美德：正義，自然就會出現。這四種美德以倫理學，也就是關於道德的理論為基礎。

柏拉圖相信靈魂轉世。因為光是一輩子，仍不足以讓靈魂進入到觀念世界裡。

人人皆有一死。所有的哲學家都是人。所以，所有的哲學家都會死。聽起來很合邏輯，不是嗎？邏輯學的發明者是柏拉圖的一位學生，他叫亞里斯多德。

什麼是邏輯？亞里斯多德如何利用概念推得正確的結論

柏拉圖在形上的世界裡，也就是在無法用感官來掌握的世界裡，研究了原始理念（參見 P.57）。相反地，他的學生亞里斯多德（Aristoteles, 384–322 B.C.），不相信超自然的理念那一套，而是相信萬事萬物都有其自身的意義與目的，不僅如此，所有活著的東西，甚至也都致力於完美實現自己的天命。亞里斯多德認為，為此人們必須了解，一切都是由物質與形式所構成，雖然形式賦予了物質（材料）目的。不過，如果光有形式而沒有物質，卻也不會產生什麼作用。這兩者必須合在一起。這是亞里斯多德的存在理論，也就是所謂的本體論（Ontologie）。舉例來說，如果你光是有一個剪裁衣服的樣式，你能用它來做什麼？恐怕做不了什麼。同樣地，如果你光是有一塊棉料，可能也沒有什麼用。唯有當你將這兩者結合起來，你才能縫製出一件衣裳。亞里斯多德也發展出了所謂的三段論（Syllogistik），也就是推得正確結論的方法。他表示，為了找出什麼屬於什麼，我們必須先將事物置於一個秩序裡。我們必須賦予它們概念，藉由這些概念，我們可以推得什麼事物實現了什麼目的。亞里斯多德因此被譽為**邏輯學**（Logik）的奠基者。根據這套方法，陳述（例如「人人皆有一死」與「所有的哲學家都是人」）以及陳述之間的關係，都會被合乎道理地、不矛盾地連結起來（「所以所有的哲學家都會死」）。借助邏輯學，人們便可分辨出什麼是對的，什麼是錯的。

亞里斯多德的反對者之一歐布里德（Eubulides）曾指出，人們可以用概念來唬人。他最著名的悖論（Paradox）就是：「如果有個騙子說自己在說謊，這就意謂著，他同時說了謊話和真話，因為如果他說的是真話，那麼他就說了謊話，如果他說的是謊話，那麼他就說了真話。」懂嗎？

邏輯學的原意是「思考的技藝」。

人該如何
正確地過活？
從自然到國家

「這位學生未能表現出自己真正的實力，還有很大的進步空間。」你的成績單上是否曾經出現過類似的評語？如果有，回家後少不了被父母訓誡一頓吧。不過，你的父母是否也曉得，你的老師在做出這樣的評語時，已然遵循了亞里斯多德的腳步？

亞里斯多德的哲學之路始於對青蛙和其他的動物進行解剖。在這個過程中，他了解到一個有機體唯有在個別的部分（器官）合作下，才能夠存活。為了讓整體得以順利運作，每個部分都必須拿出自己最好的表現。亞里斯多德的父親是位醫生，也許因為這樣的背景，他的哲學知識才由研究自然出發。他曾經研究過許多生物：先是植物和動物，後來則是人，他希望能夠掌握自然的本質，理解自然的目標與目的何在。為此，他賦予了這個世界一套秩序。他認為在所有的生物中，最底層的是植物，它們的使命在於生長、開花和結果，藉此讓自己得以繁衍。動物則是能夠額外感受到疼痛，還能自由運動。位於動物之上的則是人，因為人還具備了思考的能力。而人的使命則是去充分利用這樣的能力。你的老師在成績單上寫的那段話的含義無非是：如果你能更加努力地發揮自己真正的實力，你會做得更好……對人類而言，這種「充分利用思考能力」的想法則代表著，認識這個世界。

如果所有生物都在追求竭盡自己的所能，必然有什麼在促使這樣的追求。這只能是那些已然完美到不必再趨向完美的東西。這種偉大的不動性，亞里斯多德稱之為「被動者的施動者」。對他而言，這就是神。

不過，亞里斯多德更進一步認為，人的生命，唯有當人是幸福的，才堪稱完美。而這一點同樣也掌握在人的手中：人必須為自己找出，介於那些能帶給自己樂趣的事物（欲望）與那些自己能夠做成的事情（能力）之間，正確的平衡。對此，亞里斯多德建議

我們：應該要慷慨！因為慷慨介於浪費與吝嗇之間。應該要勇敢！因為勇敢是傲慢（「我無所不能！」）與怯懦（「我不相信自己有能力！」）兩者間健康的中道（Mitte）。

對於亞里斯多德而言，智慧是人類所能達到的最高美德。

智慧能讓人類的幸福完美。若以柏拉圖的說法來表示，就是在「由三匹馬所拉動的靈魂馬車」（參見 P.58）裡，理性控制了勇氣和欲望。當理性取得了主導權，人就不會自我毀滅。這個道理至今依然適用。

亞里斯多德對於完美的追求，不僅對於個人，更及於社群。人是為了社群而生，有了社群，人才能和所有的生物一樣繁衍。由於當時的人群居於城邦（Polis）裡，因此亞里斯多德曾把人稱作是「政治的動物」。

「Polis」源自於希臘文，是城邦的意思。

亞里斯多德與他的學生。

加油！我要快樂！
伊比鳩魯主義者
是什麼人？

如果坐擁金山銀山，巧克力、漢堡和薯條等所有你想吃的，也都能盡情享用，每天都行派對，永遠都充滿歡樂，你覺得如何？一種充滿享樂的人生，這不就是所謂的人間天堂？

另一方面，如果永遠都只有享樂，可能也會很快就變得無聊。沒有願望、沒有起伏的人生，終將十分平淡。凡事只以享樂為出發點、只追求享樂的人，被稱為享樂主義者（Hedonist；源自於希臘文 hedoné，快樂的意思）或伊比鳩魯主義者（Epikureer）。而這並不是什麼友善的稱呼。伊比鳩魯（Epicurus, 341–270 B.C.）是來自薩摩斯島（Samos）的哲學家，對他來說，快樂是人生的至善。也因此，他與他的追隨者——伊比鳩魯主義者，都被世人罵作是「放蕩者」或「伊比鳩魯豬」。不過，他的學生強調，伊比鳩魯所過的絕非奢華的生活。事實上，他所謂的快樂，其實是指每個人都去找尋屬於自己個人的幸福，藉此讓每個人的靈魂都達到均衡的境界。對伊比鳩魯來說，真正的快樂是能夠在不造成任何傷害下所產生的諸多樂趣。以喝酒為例，真正的享樂者會去好好地品嚐一小杯美酒，從中得到品酒的樂趣，而不會喝到爛醉如泥，傷害身體。在伊比鳩魯看來，真正的人生樂趣只會出現在私生活的領域裡，諸如官職甚或政治他全不看在眼裡，畢竟，每個人都該避免所有會讓自己激動甚或痛苦的事。甚至就連死亡，伊比鳩魯也建議人們應當擺脫它的陰影。他相信德謨克利特（參見 P.48）的原子理論，根據這套理論，靈魂也是由無數的原子所組成，它們在生命結束後會相互飛離。因此，人們不必害怕死亡。因為，「只要我活著，死亡就不在這裡。當死亡在這裡時，我也不再存在了。」

對伊比鳩魯來說，哲學是一條通往快樂的道路。他曾表示：「年輕的人不該遲疑於哲學思考，年長的人不該厭倦於哲學思考。因為照顧心靈健康，永遠不嫌早，也不嫌晚。」
伊比鳩魯主張：「如果沒有同時理性地過活，一個人就不可能活得快樂；反之，如果沒有同時快樂地過活，一個人就不可能活得理性。」

有些人不會被惹惱，無論是嚴重的紛擾，還是事事不順心，他們都不會暴走。這時人們會說：「那個人有著斯多噶的平靜。」

斯多亞（Stoa）其實是雅典的一個柱廊，哲學家芝諾（Zeno, 約334–263 B.C.）曾經常在那裡和他的學生會面。他的追隨者被稱作斯多噶主義者（Stoiker）。芝諾與伊比鳩魯（參見前一節）完全相反，在他看來，快樂和享受是令人厭惡的事情，人生的重心應該是責任和紀律。據說，人們也是這麼看待芝諾：長得又高又瘦的他，總是給人一種十分嚴肅的感覺。芝諾認為，世界與自然有一套無可動搖的秩序。人類不僅是這個秩序的一部分，同時也反映了這個秩序。人類可說是大宇宙裡的微宇宙，大宇宙的法則同樣也適用於他們。在萬物之上有個靈，有個最高的理性。這個靈就是神。對於芝諾而言，哲學也是理性生活的藝術。斯多噶派相信，存在著像命運之類的東西。一旦大的秩序確定，任何對它所做的反抗都沒有意義。也因此，有了所謂的斯多噶的平靜。不過，唯有當一個人的生活與自己內在的天性和既有的秩序完全協調，他才能達到真正的平靜。斯多噶派完全不把財富看在眼裡，因為人們可能會失去這一切。美德則否，因為沒有人能剝奪一個人內在的尊嚴。完全不識得激情與快樂的人，即使有人阻止他們享樂，他們也不會覺得自己缺了什麼。誠如俗話所說的：我不知道的事情不會傷害我。

微（mikro）指的是很小的意思。

後來古羅馬人也著手鑽研斯多噶主義。大約400年後，古羅馬出現了一位斯多噶派的哲學家皇帝（參見P.58），他的名字叫馬可‧奧里略（Marc Aurel）。

古希臘人和我們
有什麼關係？

上古時期的哲學家離開人世已經超過兩千年。為何我們還是對他們感興趣？因為他們是最早提出那些依然關乎著全人類的問題的人。

他們的許多答案，尤其是自然哲學方面的答案，其實早已過時。不過，邏輯學（也就是亞里斯多德的正確推論方法）的基本規則，至今我們仍在使用。

在倫理學（也就是關於人如何過著道德正確的生活的指南）方面，所有的思考都是始於與古希臘人相同的思索。今日，蘇格拉底、柏拉圖與亞里斯多德這哲學三巨頭的思想依然耀眼。並非只有那些攻讀哲學的人，才會去閱讀他們的相關著作，探究他們的思想，像是：我們每個人對自己以及對別人負有什麼樣的責任？是否存在著對於所有的人（無論他們是誰，身在何處）全都一體適用的權利和義務？這三位偉大的古希臘哲學家甚至為政治賦予了名字。直到今日，關於如何最妥善地組織人類共同生活的藝術，依然稱為政治（Politik）。在政治中，人們藉由自己選出的代表，承擔起對自己以及對共同生活的責任。古希臘人利用一個恰當的概念指出了這個問題的核心。

某些哲學的智慧就像是輪子的發明，它們已經好到無法再改善。重要的是，人應當在自己所身處的時代，利用自己增加的新知，達到當時所能達到的最佳狀態。

4

我的上帝，
讓我更靠近祢一點！
Näher, mein Gott, zu dir!

思考需要多少的自由？
上帝到底是福還是禍？

鳥爸爸鳥媽媽與牠們的孩子有什麼關係呢？牠們會餵養孩子，直到孩子有能力飛翔。然後牠們就會把孩子趕出鳥巢，因為孩子必須去尋找自己的生命道路。唯有如此，當牠們的父母不再存在時，牠們才能憑藉自己的力量活下去。

你的父母所做的和那些鳥類的父母所做的差不多。他們把你扶養長大，給你各種學習的機會。他們所賦予你的自由空間，會隨著你年齡的增長逐漸擴大。他們不一定喜歡你所有的想法。不過他們知道，你必須獲取自己的經驗，如此一來，有朝一日，你才能穩健地獨立自主。他們所傳授給你的，還有你自己親身經驗的，都會形成帶著你走過人生旅程的知識。你知道，這一切的基石，都是你的父母為你奠定的。

在西洋的上古時期之後，基督信仰成了庇護所，某種一個人除了自己的家庭以外所能找到的庇護所。信仰寬容的天父將獲得救贖，這樣的福音很快便取得巨大的成功。在哲學裡，基督教的學說讓某些思考的人比較不用那麼傷腦筋，因為如果死後，生命可以在上帝那裡獲得它的延續，關於幸福的問題也就能迎刃而解。

但隨著基督教會所掌握的世俗權力愈來愈大，它非但不賦予自己的「孩子」能夠遨翔的翅膀，反而剝奪他們遨翔的自由。雖然教會藉由收集與整理古老的知識，將教學視為自己的一項重要任務，促進了科學發展，同時卻也限定其中的哪些知識可以外傳，並且要求所有的知識都必須以上帝為起始與依歸。

在中古世紀裡，哲學最重要的主題莫過於尋找上帝存在的證明。

在這樣的情況下，上帝被設定成思考所應當採取的出發點及唯一的目標。雖然古希臘哲學也提

及神，可是神卻從來不是思考的開端或核心，至多只是在人對於知識或幸福方面的問題找不到答案時，做為某種出路。對於當時的哲學家而言，神完全不是某種凌駕於萬事萬物、人類必須服從的權威。無論這些神是誰或是什麼，都不扮演什麼關鍵性的角色。最後一位古希臘羅馬哲學家，普羅提諾（Plotinus, 205–270）曾表示：「關於上帝，我們所能說的就只有，祂不是什麼，至於祂是什麼，我們則不能說。」

相反地，基督教會卻是準確地描繪了他們所信奉的上帝。

耶穌基督所傳布的福音是：每個人都有希望獲得救贖。做為機構（Institution）的基督教會卻額外加上了一個條件：……唯有當遵守我們的規則。而這些規則，則是由教會裡的一些「大老」（教宗、主教、神職人員等）來規定。當他們手上所掌握的世俗權力愈大，他們以上帝之名允許或禁止的事情也就愈多。此時，思考的自由便終止在那些教會認為自己的權力可能會遭受威脅之處。

因此，從西元4世紀一直到14世紀的這段期間，被稱為「黑暗的中古世紀」。哲學退居為信仰的奴僕，因為這時哲學的目的在於，對上帝與基督的學說做出有利於為教會擴權的說明和解釋。如果有人膽敢違背或質疑他們的**教條**（Dogmen），就會被斥為異端。許多人也因而慘遭處死。這樣的情況持續了大約一千年才結束。

在一個機構（源自拉丁文 einrichten, 設立的意思）裡，某種理念或任務會被引導、管理與落實。學校也算是某種機構，在學校裡，人們會去落實傳遞知識給年輕人的理念與任務。

教條的意思就是某種無可動搖的基本信念。

惡從哪裡來？
哲學家主教
奧古斯丁

一隻腳立於上古時期，另一隻腳立於基督教，奧古斯丁這位哲學家主教，就這麼尋找「惡是如何來到這世上」這個問題的答案。

「我們太弱，無法僅憑理性發現真理。因此我們需要《聖經》的權威。」
——奧古斯丁

直到33歲受洗之前，奧古斯丁（Augustinus, 354-430）始終過著一種放蕩不羈的生活。不過，日後他卻成為北非希波（Hippo）地區的主教。奧古斯丁贊同柏拉圖的想法，他也認為人類可以進入某種更高的靈魂，進入觀念的世界。不過，對他而言，最高的理念卻是可以用《聖經》裡創造萬物的上帝來加以掌握。可是，如果上帝是萬物的創造者，同時也是至高與至善，那麼惡又從何而來？在奧古斯丁看來，惡是上帝的缺席，因為上帝本身完全是善的。人會在自己所陷於的不安中察覺到上帝的缺席，因為人在自己的內心深處追求善，而這樣的追求也是由上帝所驅使。

奧古斯丁在《聖經》的故事裡發現了惡的起源，也因此被視為是原罪的發現者：由於亞當和夏娃偷嚐禁果，人類首次違逆了上帝的意旨，就這樣，罪惡被帶到了這個世界上。

上古時期的哲學認為，世界原是由混沌所形成，眾神充其量只是整頓了混沌。對奧古斯丁來說，上帝才是萬物的起源。不僅如此，上帝也預定了什麼人將獲得救贖，什麼人則將永遠遭到詛咒。那麼，人類的自由何在呢？奧古斯丁的回答是：就在向善。即使人不知道自己是否是被選中的對象，相信行善顯然會更為穩妥。

中古世紀的學者幾乎完全埋首於上
古時期的哲學，這一點主要得歸功於
波艾修斯。他曾將亞里斯多德在邏輯
學方面的著作翻譯成拉丁文。

什麼是上帝的預見？
波艾修斯的
《哲學的慰藉》

《哲學的慰藉》（*Trost der Philosophie*）一書使波艾修斯
（Boethius）聞名於世。他是在監獄中等待處決時撰
寫了這本書，當時他因謀反而被判處死刑。波艾修
斯生於西元480年，曾任羅馬的執政官，可是後來
遭到嫌棄，最終於西元524年遭到處決。「保持沉
默，別人就會認為你是個哲人（智者）。」這句名言
便是出自於他。波艾修斯曾經思索過一個問題（這
個問題在19世紀時曾經再度流行）：人是什麼，是
否取決於人所身處的環境與時代？換言之，人是否
必然是時代的產物？在過了將近一千五百年之後，
卡爾·馬克思（參見P.122及接續頁）在工業化的背景

「思考包含了自由意志。
如果沒有自由意志，就
不可能行思考。」這是
哲學女神在《哲學的慰
藉》一書中對波艾修斯
所說的話。

下，以另一種方式重新提出了這個問題：是存在決定意識，
還是意識決定存在？究竟是我的生活取決於我的知識背景，
還是我的知識取決於我是如何生活？波艾修斯的《哲學的慰
藉》一書，是作者和以哲學女神的面貌出現的哲學之間的對
話，這位哲學女神幫助他不要對自己的命運絕望。這位哲學
家在書中思索了奧古斯丁（參見前一節）的問題，如果上帝
預先知道會發生什麼事，人還有多少自由可言？波艾修斯試
著利用邏輯學來回答這個問題：上帝只能事先看見
那些確實會發生的事。那些不會發生的事，祂也無
法事先知道。因此，其一引出了其他：如果沒有發
生的事，也就不可能有預見。

波艾修斯的關於預見
與發生的哲學，有點類
似於「是雞生蛋，還是
蛋生雞」這樣的問題。

先相信再思考，
還是先思考再相信？
經院哲學是什麼？

雖然教會施加了巨大的壓力，不過中古世紀的學者卻沒有因而捨棄哲學。因為自然也是由上帝所創，在這樣的背景下，特別是亞里斯多德的學說被人重新發現。

或許你還記得，亞里斯多德的哲學思考是始於自然的研究（參見P.60）。思考的樂趣與知識的追求，並無法說關掉就關掉，就連在修道院裡也是一樣。況且，在中古世紀的那段期間，也只有在修道院裡才有做學問的這種活動。（或許，就連對於僧侶或教士而言，轉向上帝的創世，也不失為一個繼續深究事物的好藉口……）由於亞里斯多德的思想產生於基督教出現之前的時代，因此教會裡的教士們便遇到了一個問題：知識與信仰彼此有著什麼樣的關係？我能否在沒有信仰的情況下探究與了解真理？還是說，我其實必須先有信仰，然後才能了解真理？9到13世紀的經院哲學家不斷在思索的，正是這樣的問題。

經院哲學（Scholastik）再度拾起了一個早在柏拉圖與亞里斯多德那時便已爭論不休的問題，也就是與我們認為事物所具有的共性、觀念或概念有關的問題。柏拉圖認為，每個東西背後都有個理念（參見P.56及接續頁），因此共性是先於東西而存在。相反地，亞里斯多德則認為，共性只是東西後來才獲得的名字。又或者，理念也許存在於東西本身，這兩者其實是同一回事？這項共性的爭執延燒了整個中古世紀。

法國哲學家皮埃爾·阿伯拉爾（Abaelard, 1079-1142），用以下方式解決共性的爭執：事實上，事物與概念是同一的。對上帝而言，它們先是以觀念的形式出現。至於人類，則是先看到事物，接著才認識其所屬的概念。

經院哲學的原本是指學校的知識。在修道院中，人們從哲學與神學（關於信仰的學術）中將知識匯集起來。

我可否想要我想要的？
愛留根納的人的概念

約翰內斯‧司各特‧愛留根納（Johannes Scotus Eriugena, 約
800-877）所想的也差不多是這樣：如果上帝賦予了人類（根
據《聖經》，祂是以自己的形象來創造人類）思考與理解的
能力，那麼祂的目的無非在於，讓這些能力獲得最妥善的使
用。在這種情況下，對他來說，有兩個問題被解決了：一個
是信仰與知識的先後順序，另一個則是人類是否擁有自己的
意志。對於信仰和理性的關係，愛留根納曾經表示：這兩者
都是知識的來源，它們彼此互相依存，畢竟就算是那些不相
信的人，他們的腦袋裡也還是會有些東西。因此，這兩者完
全不相矛盾。萬一存在著某種衝突，人們也必須相信自己的
理性。很有可能，一個人只是誤解了啟示。這位愛爾蘭僧侶
的言論，當然讓他成了教會的眼中釘。在他看來，真正的宗
教是真正的哲學，反之亦然。在選擇的自由方面也是一樣：
如果向善被上帝視為好事一樁，必然也會存在相反的一面。
否則的話，就不可能有區別，某件事無法被評價為善，另一
件事也無法被評價為惡。如果上帝是依據祂的形象創造出人
類，向善便是人類所固有。換言之，向善基本上存在於人的
內心當中。因此，他也有自由去做自己想做的事。

能否證明上帝的存在？
坎特伯雷的安瑟倫：
信仰才能
理解

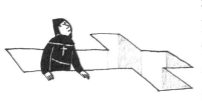

安瑟倫（Anselm of Canterbury, 1033–1109）這位坎特伯雷（Canterbury）的大主教，曾經做過更為重要的事，他是第一位嘗試證明上帝確實存在的人。安瑟倫被視為經院哲學之父。往後數個世紀的許多哲學家，全都糾結於安瑟倫所提出的思想裡，直到德國偉大的思想家康德（參見P.106）出現。這位來自義大利奧斯塔（Aosta）的貴族之子，很快就斷定了信仰與知識的關係：「我信仰了才能理解。」對他來說，先有信仰，才有理解可言。不過，他認為光有信仰是不夠的，因為信仰本身會尋求理解。也就是說，人類是受到信仰的驅使才會去求知。對於安瑟倫個人，這代表著：他必須去尋找一個上帝存在的證明。而他所找到的證明就是：上帝是我們所能想像最偉大的存在者，如果祂是這樣的存在者，不可能只在我們的思想中，祂必然也實際存在。若非如此，祂就不是完美的。然而，唯有當上帝存在時，祂才能是完美的。因為那些既出現在思想中、又同時實際存在的東西，比那些單純只出現在思想中的來得偉大。可是，由於上帝是最偉大的，因此祂也必然實際存在。後來，康德提出了反駁：存在並非屬性。他的解釋：「一百個真實的塔拉完全不比一百個可能的塔拉多！」

當人們想要區別什麼夠好、什麼不夠好，就需要一個標準：一個絕對的好。安瑟倫認為，這就是上帝。因此，沒有祂就不可能有善惡之間的區別。

一頭啞牛能否吼叫？
多瑪斯·阿奎納的
五項上帝存在證明

「這頭啞牛的吼叫聲將大到全世界都會聽見！」
多瑪斯（Thomas von Aquin, 1225–1274）的神學暨哲
學老師大阿爾伯特（Albertus Magnus），曾以這樣
的話訓斥那些嘲笑阿奎納的學生。事實上，後
來阿奎納確實也成為天主教會最偉大的神學家之
一。在過了六百年後，教宗利奧十三世（Papst Leo XIII）宣布
他的理論為真確且具有約束力。直到今日，羅馬天主教會依
然如此認為。這位沉默寡言的學者曾經提出五項上
帝存在證明。他首先調和了理性與信仰。他表示，
理性與信仰在上帝那裡相互調和，它們兩者都是源
自於上帝，由於祂的賦予，理性才有了它的機會。
阿奎納援引了亞里斯多德（參見 P.60）的層級論（植
物—動物—人），並且同意他所說的，萬事萬物的最終原因，
就是「被動者的不動施動者」。儘管亞里斯多德所指的當然
還不是基督教的上帝。這是阿奎納的第一項上帝存在證明。
他的第二項證明則是：所有在這個世界上有其原因的事物，
必然可以回溯到一個最初的原因，那就是上帝。接著他又繼
續推得，世上的一切對於一個整體的完美都是必要的。然
而，如果一切都有一個目的，這背後必然存在著某種神的智
慧，它是所有知識與存在的最高階層。由於所有
的存在都是根據層級方式愈往上愈完美，因此在
最上層必然有個絕對的完美，那便是上帝。

阿奎納於1323年被封
為聖徒。「哲學是信仰
（神學）的婢女」，這種
說法便是源自於他。

阿奎納身處的時代一般
稱為中世紀盛期，在那之
後，教會對於思想的霸權
便開始逐漸走下坡。

無是可以計算的嗎？
阿拉伯的哲學
與「零」的祕密

眾所周知，當我們提到「哲學」一詞時，就會想到古希臘人與西歐的思想家的名字。然而，在其他地方其實同樣也有哲學。

印度的宗教創立者釋迦牟尼提出了涅槃論（參見P.41），耶穌基督傳布了愛與救贖的福音，在某種程度上，他們也都可以算是哲學家。伊斯蘭教的創立者穆罕默德（Muhammad, 570–632），則是第三位創立宗教的哲學家。他曾口述伊斯蘭教的經典《古蘭經》，為哲學帶來了重大的影響。在他的學說的旗號下，如同中古世紀的基督教思想家那樣，伊斯蘭教的學者也被一些類似的問題傷透腦筋。特別應該感謝他們的是，阿拉伯的哲學家把亞里斯多德與柏拉圖的著作帶到了西歐，促使它們被翻譯成拉丁文，讓基督教學者（包括前述的阿奎納〔參見前一節〕）得以去鑽研這些作品。阿拉伯的哲學家阿維森納（Avicenna；事實上應該是叫伊本・西納〔Ibn Sina, 980–1037〕）與阿威羅伊（Averroes；事實上應該是叫伊本・魯世德〔Ibn Ruschd, 1126–1198〕）藉由自己的亞里斯多德研究，在共性的問題上（參見P.70）帶給了思想界新的啟發。他們兩人既是哲學家，同時也是自然科學家，準確來說應該是醫生；如同猶太宗教哲學家邁蒙尼德（Maimonides；他的阿拉伯名字則是伊本・邁蒙〔Ibn Maimon, 1135–1204〕）。這三個人同樣也為此傷透腦筋，像是信仰與理性彼此有何關係，它們其中之一是否取決於另一個，它們是否同時並立，它們其中之一是否與另一個矛盾之類的問題。如同基督教的學者，他們也得出了類似的結論：《古蘭經》或《聖經》的信仰真理，與理性知識其實並不矛盾；在有疑慮的情況下，人們應

該相信理性，至於經典裡的陳述，則應理解為某種預言、某種意象。然而，邁蒙尼德與阿威羅伊卻因此被斥為異端，阿維森納的著作則遭到譴責。

　　除此以外，阿拉伯人還為歐洲世界帶來了一項禮物，不僅改造了哲學，更促使邏輯學與自然科學的發展突飛猛進，那就是（其實源自於印度的）阿拉伯數字與零的概念。有了零的概念，無（因為這就是零）首次至少可以用數學的方式來理解。直到那時為止，歐洲人計算時所用的還是羅馬數字I、V、X、C、L及M。舉例來說，12−2便要寫成：XII−II，等於X，也就是阿拉伯數字的10。可是，如果人們想要計算2減2等於多少，這時該怎麼辦呢？在羅馬數字裡，沒有符號可以代表所得出的結果。II−II＝……這該怎麼辦呢？當時並沒有代表無的符號。零為數學開啟了一個新的面向。從此以後，數學與哲學的無便能有所區別。

阿威羅伊認為亞里斯多德是位先知，如同耶穌和穆罕默德（穆斯林將他視為真主最後的使者），因此他曾說：「人們有兩種通往真理的方法，一是藉由《古蘭經》，一是藉由亞里斯多德。」

在我知道了那麼多的事情之後，我還能信仰嗎？

你知道不少事情。大人們所說的也並非完全都對。「午夜之前就寢是最健康的！」嗯，感謝，略施小計，再也沒人能夠叫你早點上床睡覺。

你質疑父母的「真理」。這麼做很好！畢竟，知識不斷地在進步。在書本上、在學校裡、在網路上，你經常可以發現一些新鮮事，或是關於某些事情的解釋，那些恐怕就連你的父母也都一無所知。有時你也會識破父母的詭計，他們所宣稱的某些「智慧」，無非只是為了讓你遵守他們的規則。然而，如今你對它們提出了質疑。你自己的人生經驗告訴你：事實上，總是存在著許多其他的可能。

中古世紀末期的僧侶，也和上述的情況一樣。在這些學者得以去鑽研以亞里斯多德和柏拉圖為主的一些著作後，他們了解到：我們所知道的，遠超過身為真理守護者的教會願意讓我們知道的。雖然13世紀，也就是阿奎納所身處的時代（參見P.73）的學者仍是教會裡的上層人士。不過僧侶也是人，因而同樣也會有好奇心。雖然他們仍為教會服務，可是卻也對關於生命的事提出質疑，只不過他們並未立刻就把整個信仰丟棄。儘管如此，去掉神學眼罩的需求還是與日俱增。在理性與科學同樣也能發現解釋的地方，人們需要鬆開教會的種種教條。在歷經了千年的幽暗後，自由思考的曙光再度升起。這得歸功於那些破門的僧侶，在那些緊閉的門扉後面，很快便開啟了哲學的一個新紀元。

當你採取相當複雜的方式在解決一道數學題時，你的數學老師或許會跟你說：「你何必讓自己那麼辛苦！」然後（希望如此），為你指出一種更簡單的方法，幫助你更快完成解題。

聖方濟各會修士奧卡姆的威廉（William von Ockham），必然也有過類似上述那樣的想法。他大約是在西元1288年出生於英格蘭，1347年於慕尼黑去世。奧卡姆在哲學與神學（也就是關於信仰的學問）之間，畫了一條清楚的界線。為什麼要有這一切的扭曲？為什麼要去思考那些人類的理智無法掌握的事物？如果上帝是最偉大的存在，位居萬物之上，那麼人類永遠也無法理解祂，這才會是合理的。因此，這位聖方濟各會修士便將我們人類可以理解的事物與形上學（也就是那些被認為是存在於事物之上或背後的東西），徹底地區分開來。奧卡姆認為，以人類可以理解事物的方式，去領會那些可以理解的事物，這麼做也就夠了。他的原則就是：「切勿浪費較多資源，去做用較少資源同樣可以做好的事。」這意謂著：如果可以有簡單的解釋，為何還要採取複雜的方式？這項原則日後被人稱為「奧卡姆剃刀」（Ockhams Rasiermesser）。這把刀，誠如嘲諷者所言，剃掉了柏拉圖觀念世界（參見P.56及接續頁）的鬍子。奧卡姆也因此為科學撞開了通向自由的門戶。奧卡姆的工具是邏輯學。他鼓勵大家在沒有宗教智慧的負擔下，再度去探索這個世界。儘管如此，他還是相信上帝，相信上帝所做的一切必然都是絕對的善。

奧卡姆深信上帝是絕對的善，他甚至曾表示：如果上帝命令人類恨祂，那麼，這樣的恨，將會是人類所能給予上帝最高的讚美。

5

回到根源，
但是揚棄舊習！

Zurück zu den Wurzeln,
aber weg mit dem alten Kram!

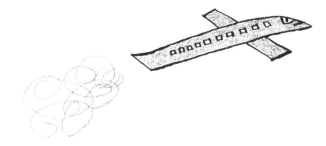

從天上回地上：文藝復興和人文主義是什麼？

中古世界末期，哲學掙脫了教會的枷鎖，對於上古時期哲學的興趣重新萌芽。那些知識構成了某種基礎，諸如與自然、人類及人類所能做的事情有關的老問題，就在這樣的基礎上找到了新的答案。

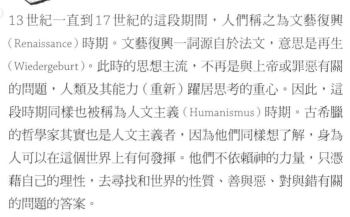

13世紀一直到17世紀的這段期間，人們稱之為文藝復興（Renaissance）時期。文藝復興一詞源自於法文，意思是再生（Wiedergeburt）。此時的思想主流，不再是與上帝或罪惡有關的問題，人類及其能力（重新）躍居思考的重心。因此，這段時期同樣也被稱為人文主義（Humanismus）時期。古希臘的哲學家其實也是人文主義者，因為他們同樣想了解，身為人可以在這個世界上有何發揮。他們不依賴神的力量，只憑藉自己的理性，去尋找和世界的性質、善與惡、對與錯有關的問題的答案。

　　文藝復興時期的人在這一點承繼了古希臘的哲學家。一個探索和實驗的時代就此展開。

在哲學裡，文藝復興是一段過渡的時代。

　　這個時期的人就像孩子一樣：只要他年紀還小，就會把東西拆開來，看看裡頭到底藏了些什麼（運氣好的話，他甚至還能把拆開來的東西再組合回去……）年紀大一點的會把他的玩具拆散，藉此去了解它是如何運作的。你則又更進了一步，你會去思考自己能否利用拆散的零件，製造出某種完全不同且更新、更好的東西。當你知道的愈多，你就愈有可能做到。

　　這個時期有項發明大舉促進了知識的傳播：1450年，

約翰內斯·古騰堡（Johannes Gutenberg）發明了活字印刷術。從這時起，教育不再是教會（他們始終致力於將古代典籍做出不與基督信仰相矛盾的解釋）的特權。

另一些發現，則讓這個世界變得更大、也更能被預測：水手們發現了羅盤。事實上，中國人早在更久以前就發明了羅盤，但直到13世紀它才傳至歐洲。有了這項利器，發現之旅就此展開。當哥倫布（Christoph Columbus）在1492年循著水路發現美洲時，地球從此獲得了一個新的面向。半個世紀之後，伽利略（Galileo Galilei, 1564–1642）借助克卜勒（Johannes Kepler, 1571–1630）的望遠鏡，同樣為宇宙開啟了一個新的面向。伽利略探究了數學家暨天文學家哥白尼（Nikolaus Kopernikus, 1473–1543）的理論。哥白尼主張，地球其實是環繞著太陽運行。伽利略找到了這項理論的證據，也因此我們所生活的星球連同我們人類都被擠出了宇宙的中心。

哥白尼主張地球繞著太陽運行，而非太陽繞著地球運行，人們稱之為哥白尼革命。他認為天體的中心是太陽，因此他的宇宙觀稱為「日心說」（heliozentrisch）。

伽利略證明哥白尼的理論正確，這帶來了十分「嚴重」的後果。如果地球不再位居宇宙不動的中心，人類連帶包括教會，也會跟著失去其重要性。於是伽利略遭到軟禁，並且被要求收回他的主張。不過，後來他還是喃喃自語地說：「地球還是在轉動啊！」

圖為哥白尼的太陽中心說。

君王能做些什麼？
馬基維利的國家哲學

如果人類的所作所為不再由上帝與宗教的價值來定義，社會及國家便會因此而改變。這時該由誰來作主？誰如何統治誰？

直到今日，人們依然會以「馬基維利主義者」來稱呼那些為保有權勢而不擇手段的政客。

柏拉圖和亞里斯多德早就想過這些問題。不過，同時身兼外交官、詩人和哲學家的馬基維利（Niccolò Machiavelli, 1469–1527），卻不再在善或惡的問題上打轉，而只關心擁有權力的人如何才能最妥善地保有它。

他所開出的處方恐怕大多數的人都不會太欣賞，因為他認為最好的君王（馬基維利最重要的著作之一正是叫做《君王論》〔Principe〕）可以不擇手段。馬基維利表示，一個人一旦獲取了權力，他將因此永遠是對的，因為他成功獲取了權力。為了保有權力，他可以做任何事。馬基維利認為，根據善與惡或正義與不正義來行事，對君王而言一點價值也沒有。這位義大利的哲學家對於人類的看法十分悲觀：在他眼裡，人都是自私自利的，始終只想著盡可能確保自己的利益。因此，唯有當國家有個眾人都不得不臣服於他的強勢君王，國家才能避免公民之間的短兵相接。唯有如此，社會才能獲得安寧。是以，馬基維利認為，理想的君王必須具備「如狐狸般狡詐，如獅子般威猛」的特質，如此一來，他才能與其他人爭鬥。在馬基維利的政治思想裡，上帝連帶包括教會失去了權威。不過，這位義大利的哲學家之所以會產生這樣的觀點，有部分原因是來自於羅馬教會的濫權與墮落。

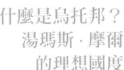

什麼是烏托邦？
湯瑪斯·摩爾
的理想國度

當富裕與貧窮發生衝突時，人們特別會想到正義的問題。這也是英國人文主義者湯瑪斯·摩爾所思索的。為此，他發明了所謂的「烏托邦」。

教會和貴族的權勢與平民百姓的貧窮形成強烈的對比，促使了湯瑪斯·摩爾（Thomas Morus, 1478–1535）撰寫《烏托邦》（*Utopia*）這部小說。在這部小說裡，摩爾描繪了他心中理想的國度。烏托邦一詞源自於希臘文「ou topós」，意思是沒有這種地方。時至今日，當我們使用烏托邦一詞，指的則是那些只存在於我們的希望或幻想中的事物。

摩爾的哲學是以人人平等為出發點。在他的理想國度裡，每個人甚至都穿著同樣的衣服。所謂的「時尚」完全不存在。唯有未婚的婦女穿著其他的衣服，藉此讓每個人都能立刻辨識出。由於一切都屬於眾人，私有財產被廢除，就連金錢也不存在。摩爾甚至還描繪了烏托邦人民的每日行程：早上四點起床，晚上八點下班回家。比較低賤的工作交給奴隸去做，奴隸則是由那些違法的罪犯充當；這一點顯然違背了他自己所主張的人人平等。烏托邦的人民可以自己選擇領袖，被選出的領袖則可以終身統治這個國度。烏托邦會盡可能不要和別的國家有任何瓜葛。摩爾的這部小說在當時掀起熱議的亮點，可說是宗教自由：每個人都能信仰自己想要信仰的宗教。只不過，在烏托邦裡，無神論者（也就是完全不崇拜神的人）不能在政府裡任職。

人人平等的夢想至今依然影響著全人類。19世紀時，哲學家從中發展出一套新的國家理論，這套理論後來在20世紀成了共產國家的基礎。只不過，理論與實際完全是兩回事就是了。

知識如何變成力量？
法蘭西斯・培根
的思想新工具

法蘭西斯・培根喜歡做實驗，不過他也因此成了自己實驗的受害者。有一回，他想證明冰凍的肉品可以存放更久，於是在某個寒冷的冬日，他在雪地裡將一隻宰殺好的雞冷藏起來。在這個過程中，他染上了風寒，後來病情惡化，最終不幸死於肺炎。

知識就是力量。的確，在中世紀期間，教會是知識的主宰，因此它也擁有極大的權勢。不過，英國學者法蘭西斯・培根的理解截然不同。在他看來，唯有借助知識，人類才能受益於這個世界。

法蘭西斯・培根（Francis Bacon, 1561–1626）同時是法學家、政治家、自然科學家與哲學家。在他的起頭之下，經驗主義（Empirismus；參見 P.93）成了往後幾個世紀的思想主流。「知識就是力量」這句格言便是出自於他。如果人類對自然能有更多的了解，就更有能力讓自然為人類服務。這個道理始終是對的。然而，今日我們的問題在於，這樣的權力應當同時負有不去破壞自然的責任。當培根對於亞里斯多德（參見 P.60 及接續頁）的邏輯推論感到懷疑時，他曾表示，人們只能真正知曉那些自己親自嘗試與經驗過的事物，除此之外全是成見。培根指出四種容易讓人陷於誤謬的偶像（Idole）。第一種是種族偶像，這涉及到人類的本性，總是喜歡相信自己一廂情願認為是對的事。第二種是洞穴偶像，這涉及到柏拉圖的洞穴比喻（參見 P.57）；我們所察覺到的事物，會受到我們個人的經驗影響，因此它們遠遠不能算是真確。第三種是市場偶像，這是來自語言的成見，以幸福為例，這個詞彙對於每個人可能代表著完全不同的含義。第四種則是劇場偶像，它涉及到人們總是傾向於不假思索地接受某些所謂的「智慧」。唯有當人們拍掉了這四種幻象，知識才可謂真確。

如果每個人都能為所欲為，那會變成什麼情況？那時是不是人與人都會打成一團？我們根本無法想像這樣的景象。畢竟，每個孩子從小就被教導，應當顧慮他人。

英國哲學家湯瑪斯·霍布斯（Thomas Hobbes, 1588-1679）顯然不相信顧慮或體諒他人的這套教育方式。這或許是因為，在他受雇擔任某位爵士的子女的家庭教師期間，他曾有過什麼不愉快的經驗。霍布斯認為，每個人都是一樣的。因此，在他眼裡，人生就是人與人之間的鬥爭。人基本上都是自私的。所以，他曾表示：「人之於他人是狼（換言之，人與人的關係就猶如狼與狼的關係）。」霍布斯的意思是，每個人都只會為自己著想。這位後來成為培根（參見前一節）的祕書的哲學家以此為基礎，發展出一套國家哲學，他也因此在日後聞名於世。他認為，國家必須阻止每個人對抗每個人的戰爭。對他而言，社會是頭必須被強大的政府所馴服的怪獸。霍布斯知曉馬基維利的《君王論》（參見P.82），不過霍布斯所主張的君主卻是由人民來任命。在他看來，君主的統治必須極為嚴峻，因為他所設想的人終究明白，他們自己是被國家阻止才沒有互相殘殺。霍布斯稱這樣的國家為「利維坦」（Leviathan），他把它想像成是一個由許多個別的野獸所組成的巨人，這個巨人羈束著這許許多多的「狼」。然而，唯有當人們完全服膺於這個利維坦時，它才能順利運行。

6

進入新時代！
Auf in die neue Zeit!

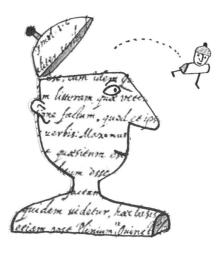

理性主義：
人是可測度的嗎？

對於理性主義者而言，光是感官經驗已不再足夠。他們還要尋找存在的規則，以及人類應當據以生活和行為的先天法則。

當你在計算數學題時突然靈光乍現，你的心情會是如何？當你發現到，在某些方面，如今的你已優於父母，你的感覺又會是如何？這些事情或許會激勵你，讓你對自己感到更有信心。

在你小的時候，每當遇到什麼危險或困難，你總是會尋求大人的保護或協助。隨著年齡的增長，如今你已愈來愈不需要這些。你經驗到了：我可以憑著自己的力量搞定一大堆事情。你相信：我可以辦得到！你辦得到的那些事情，賦予了你與日俱增的自信。文藝復興時期之後的人也有類似的感覺。他們敢於用一些敏銳的新思維，去處理那些古老的哲學問題。借助數學與自然科學方面的各種發明、發現與進步，這個世界變得更可測度，也更可掌握。以此類推，難道沒有什麼可以用來「計算」人類的理性規則嗎？

17世紀起的思想家，還做了一些類似於你現在所做的事。你很清楚你的父母的信念、觀點，還有他們所奉行的真理、所維護的習慣，你並不一定全盤反對，總仍是對某些事情有所尊重。儘管如此，你還是開始在那之外求取屬於自己的經驗，你也愈來愈以批判的態度去面對父母的想法。

文藝復興時期之後的學者所做的事情也與你大同小異：在那些他們自己顯然有能力提出證明的地方，他們拋掉了源自於從前思想家的既有知識。在這個過程中，發現者與人文主義者的經驗幫助了他們。17、18世紀的教育比起先前的任何時期都還要來得更為廣泛與多元。這也為哲學帶來了新的動力。為了配合思想上的新節奏，「善用光陰」這樣的格

你只是單純活著，還是有在動腦？　　　　質疑所謂理所當然的事

言也流行了起來。什麼是存在，什麼是虛無？在新發現的理性下，柏拉圖的觀念世界（參見P.57）與亞里斯多德的邏輯學（參見P.59）是否還能站得住腳？如果人們利用年輕了兩千多歲的思想工具來檢視一下這些理論，情況會是如何？一股新的懷疑論（參見P.51及接續頁）思潮就此展開。

那些為了萬事萬物尋找一個解釋而且總是理性地行為的人，稱之為理性主義者。不過，光是這樣，還不足以讓他們成為哲學家。他們和理性主義哲學家的共同之處在於，他們跟隨著腦袋多於跟著感覺走。

感謝人類的理智，幫助他們開啟了一個新的世界。既然如此，理性必然也能用在研究人類自己，用在研究無法理解的事物，用在研究古老的問題。

哲學家不再依靠圖像、觀念和信仰。

他們同樣也不依靠感官經驗，主要是依靠自己的理智。因此，這個時期也被稱為理性主義（Rationalismus；拉丁文中的ratio，意思就是理智、理性）時期。其中最重要的代表人物當屬勒內·笛卡兒（參見下一節），他被視為近代哲學之父，也是笛卡兒哲學（Cartesius，正是笛卡兒的拉丁文名字）之父。

羅丹的雕塑作品《沉思者》。

我到底是實際存在著，
或者只是在做夢？
笛卡兒的「人是一種
在思考的存在物」

我到底是不是在做夢？當你見到什麼美到
令人難以置信的事物時，你肯定有過這種
感覺。或者，當你遇到什麼令人苦惱的事情
時，你或許會希望這只是場惡夢。什麼是真
實的？什麼只是我們虛構出來的？

理性主義哲學家重新思索了這些哲學的老問題。其中最
具代表性的，莫過於法國哲學家笛卡兒（René Descartes,
1596–1650）。他證明了人確實存在，因此也成了近代哲學的
奠基者。笛卡兒是位數學家，創立了至今或許還在學校裡困
擾著你的解析幾何。他將存在於數學裡的一些思考工具運用
在哲學問題上，進而列舉出正確利用理智的四項基本原則
（見頁側）。

笛卡兒最為世人所熟知的名言，當屬「我思故我在
（Cogito, ergo sum!）」這句話。對他來說，這是人類存在的明
證。或許你會覺得這是句廢話。我看、我說、我吃、我睡，
這些不都表明我是存在的！可是笛卡兒卻不這麼想：誰說這
一定不是你的幻想？做夢所體驗到的，不也就是那麼回事，
不是嗎？在笛卡兒看來，這正是癥結所在：無論
你看了什麼、做了什麼，你其實都能質疑那一
切。唯一無法被質疑的，就是質疑這個動作本
身。質疑始終存在著。而舉凡在質疑的人，他也
就在思考。因此，笛卡兒認為，人是一種「在思
考的存在物」（denkendes Ding），而且也是唯一能
夠做這件事的東西。這點得要感謝人的理智。如
果能夠正確運用理智，人便能藉此回答所有與自
然有關的問題。

笛卡兒認為正確的思考
應當：1.唯有對於我完全
不懷疑的事物才信以為
真。2.將困難的問題分解
成若干簡單的問題來處
理。3.處理的順序應由簡
單到複雜。4.最後還必須
仔細檢查，確保自己沒有
遺漏任何東西。

你只是單純活著，還是有在動腦？　　　質疑所謂理所當然的事

我是誰？你肯定也曾問過自己這樣的問題。笛卡兒把人稱為「在思考的存在物」。可是我們到底是什麼，這個問題至今依然令我們傷透腦筋。

如果我存在，那麼我是什麼？史賓諾沙與做為某種「上帝的思維」的人

荷蘭哲學家史賓諾沙（Baruch Spinoza, 1632–1677）針對這個問題提出了自己的答案，不過他卻為此遭到前所未有的唾罵。他所屬的猶太社群以不敬神為由將他驅逐。事實上，史賓諾沙相信上帝，但是神並非位居萬物之上的造物主。取而代之，他認為萬物都是上帝。上帝對他而言是構成萬物唯一的「材料」，祂只不過是以不同的形式，在精神、自然和人類身上出現。他的這種思想被稱為泛神論（Pantheismus；萬物皆神）或一元論（Monismus；萬物皆一）。對於在 17 世紀歷經三十年戰爭（30-jährige Krieg）這場浩劫的人來說，這無異於是種挑釁：如果人是種表現方式，或者如史賓諾沙所說是「上帝的思維」，為何人還要在戰爭中敲破他人的腦袋？這位荷蘭的哲學家還表示，人應該自由地去思考和信仰自己所喜歡的事物，否則的話，他便無法利用自己的理智能力。而理智的目的則是知識，是在智力上對於上帝的愛。在原始狀態下，人的本性其實是惡的，只為自己的生存著想。直到理智引領人走向知識，知識才終結了人的相互毀滅。如此一來，人便從霍布斯的「狼人」（「人之於他人是狼」；參見 P.85）變成了「神人」，或是如史賓諾沙所說的「人之於他人是神」。

史賓諾沙對於自由的熱愛，同樣也適用於國家方面。他曾表示：「如果想要以法律來控制一切，所衍生的問題肯定會多於所解決的問題。凡是無法禁絕的，就只能允許。」

餅乾還是碎屑？
萊布尼茲與他的單子

每個德國兒童都知道這位哲學家的名字，雖然他們恐怕都對他一無所知。1889年，漢諾威的烘焙師赫曼・巴爾森（Hermann Bahlsen），以萊布尼茲的名字來為他新發明的餅乾命名。

德國的某種餅乾以萊布尼茲為名，這與它的「碎屑」——與單子論完全無關。

萊布尼茲之所以提出單子論，或許和用顯微鏡觀察事物有關。在他的那個時代，人們首次得以借助顯微鏡在一滴水中見到大量活生生的微粒。

由於一個半世紀之前，萊布尼茲曾定居於烘焙師赫曼・巴爾森的故鄉漢諾威，因此巴爾森想藉「萊布尼茲餅乾」來向這位德國的博學大師致敬。

事實上，哥特佛萊德・萊布尼茲（Gottfried Wilhelm Leibniz, 1646-1716）是個天才，他不僅是數學家（如果你將來學到他所發明的微積分，你肯定能從中獲得許多的「樂趣」……），同時也是物理學家、法學家、歷史學家、地理學家、經濟學家，更不用說，他還是哲學家。他的世界理論十分特殊，被稱為單子論（Monadologie）。單子是極其微小的微粒，萊布尼茲認為，包含人及其靈魂的萬物都是由單子所構成。其實，古希臘的德謨克利特（參見P.48）早就提出了這類微粒的構想。不過，在萊布尼茲看來，這類微粒則是力量的核心，每個個別的單子都反映了上帝，而上帝則是位居萬物之上的超級單子。儘管如此，每個單子卻又各不相同，只關係到其自身。單子雖然可以聚集起來，可是彼此卻不相連。上帝賦予了這些微粒一套秩序：最低階的單子是「裸單子」，所有無生命的東西皆是由它們構成。在它們之上的，則是包含了植物與動物（其有機體已具備某種想像力）的生物界。再往上一層，則是意欲追求完美的人類。只不過，唯有創造這個單子世界的上帝才有能力見識真實。

鳥會飛。巧克力是甜的。所有的人都會老死。你是從何得知這些事？因為你曾經見過、嚐過，而且親自觀察過。換言之，你之所以知道是基於自己的經驗。

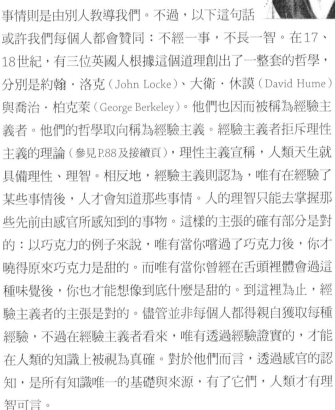

不經一事，不長一智。
誰是經驗主義者？

知識從何而來？我們是從哪得知什麼是對的？許多事情是由我們親自確認，其他的一些事情則是由別人教導我們。不過，以下這句話或許我們每個人都會贊同：不經一事，不長一智。在17、18世紀，有三位英國人根據這個道理創出了一整套的哲學，分別是約翰‧洛克（John Locke）、大衛‧休謨（David Hume）與喬治‧柏克萊（George Berkeley）。他們也因而被稱為經驗主義者。他們的哲學取向稱為經驗主義。經驗主義者拒斥理性主義的理論（參見P.88及接續頁），理性主義宣稱，人類天生就具備理性、理智。相反地，經驗主義則認為，唯有在經驗了某些事情後，人才會知道那些事情。人的理智只能去掌握那些先前由感官所感知到的事物。這樣的主張的確有部分是對的：以巧克力的例子來說，唯有當你嚐過了巧克力後，你才曉得原來巧克力是甜的。而唯有當你曾經在舌頭裡體會過這種味覺後，你也才能想像到底什麼是甜的。到這裡為止，經驗主義者的主張是對的。儘管並非每個人都得親自獲取每種經驗，不過在經驗主義者看來，唯有透過經驗證實的，才能在人類的知識上被視為真確。對於他們而言，透過感官的認知，是所有知識唯一的基礎與來源，有了它們，人類才有理智可言。

思想從何而來？
洛克的白板

當一個孩子出生時，他在想些什麼？什麼也沒有嗎？首位經驗主義者約翰·洛克曾經這麼主張，他表示：剛出生的人猶如一塊「白板」(tabula rasa)，他的心靈就彷彿一張白紙。

在他的《人類理解論》一書中，洛克提出了他的白板論，並且說明了它們是如何被經驗寫上。

洛克（1632-1704）深信，人不是帶著理智出世，而是只帶著得以培養理智的能力。不過，這唯有在一個人先借助感官獲取了某些經驗才行得通。這時他的腦袋裡便會有了些什麼。洛克稱此為知覺。

這些感官印象會留在未曾被書寫過的白板上，繼而被我們及我們既存的經驗加以處理。在這個過程中所得出的東西，洛克稱之為反思。我們像一面鏡子，將我們利用感官印象所得出的東西，反射到空白的板子上。我們便以這樣的方式得到了知識。人們從中獲得的觀念，洛克將它們區分為主要特質與次要特質。主要特質是東西所既有的，像是形狀、大小、運動狀態、數量等，對每個人都一樣：例如，立方體總是有8個角，蘋果總是圓的，5歐元就是5歐元。相反地，次要特質則取決於每個人對某個東西的感受或評價：例如，對你而言，這個立方體或許是綠色的，可是在某個色盲的人看來，這個立方體的顏色可能完全不同；你說這顆蘋果很甜，可是你的哥哥卻可能覺得這個蘋果超酸；5歐元對你來說或許是筆不小的錢，不過你的父母卻可能認為這樣的數目根本微不足道。

你只是單純活著，還是有在動腦？　　　質疑所謂理所當然的事

洛克也思索了關於人類共同生活的問題。現代的民主制度正是奠基於他的一些構想。因此，他也被譽為「自由的哲學家」。

誰能做什麼？
權力分立的發明者洛克

即使人在初生時腦袋裡一片空白，誠如洛克所主張（參見前一節），他也不是毫無權利地誕生在這個世界上。自由與財產這些自然權利是與生俱來的，因為一個人需要這些權利賴以為生。由於這樣的信念，洛克被譽為人權（如今幾乎成了普世認可的價值）之父。洛克是近代首位主張男女平權的哲學家。就連民主這種國家體制，我們其實也應當感謝洛

洛克也曾提出兒童教育理論。他認為，父母與孩子應該像朋友，父母應該以慈愛的態度為孩子樹立良好的榜樣，而非一味地要求或禁止孩子。

克，因為他發明了權力分立的理論。這套理論表明，每項權力都需要控制。在民主制度裡，並非由某人來宰制其他的人。在這裡，人民可以選出自己的代表，這些代表則進一步透過立法來實現自由與正義。政府必須落實法令，同時也要接受人民代表的監督。這正是洛克所要求的，他主張制訂法律與執行法律的權力，必須分給不同的人掌握，如此一來，才能避免獨裁者為所欲為。我們則將這兩種權力稱為立法權與行政權，將它們分別交給民選的議會與政府。法國的法哲學家孟德斯鳩（Charles Montesquieu, 1689–1755），後來又補充了第三項權力，也就是審判的權力，稱為「司法權」。當我們感到自己遭受不公不義的對待時，我們便可求助於這項權力。

當我感覺到它時，它才存在？還是說，光是想到它就夠了？

你知道有種叫做塔斯馬尼亞袋獾的動物嗎？如果你曾經讀過相關的報導，或是看過照片，你就知道這種動物的存在。如果沒有，牠們當然還是存在。

「廢話！」或許你會這麼想。不過，在知識基於經驗這件事情上遠比洛克更為激進的喬治·柏克萊（1685–1753）卻不這麼認為。他把關於塔斯馬尼亞袋獾的問題推向了極端：只要沒有人想到這種動物，這種動物就不存在！因為柏克萊深信，「存在就是被感知」。只不過，如果我們窮盡這樣的想法，後果恐怕會很可怕！因為這代表著：如果沒有人感知到你，你就完全不存在。然而，柏克萊卻不以此為滿足。

他甚至還宣稱，存在著不存在。

因為所有的事物，所有我們認為自己知道的事物，只存在於我們的精神裡，一切都是精神。「存在著的，只是那些我們所感受到的，但卻不是東西本身。」怎麼會這樣？難道一切都是夢？不盡然。柏克萊除了是哲學家，還是愛爾蘭的主教，因此他當然也準備了關於這種思想的解釋。在他看來，這就是上帝。對他而言，事物再度又是上帝的思維，是祂透過人想出的思維。柏克萊是觀念論者；在先前關於柏拉圖（參見 P.56 及接續頁）的部分，我們已提過觀念論。大衛·休謨（1711–1776）也採取與洛克和柏克萊一樣的看法，認為唯有當人感知到了事物，事物才存在。不過，他又往前跨了一步，在兩個方面對人類的一切知識提出質疑。一方面，他警告人們，只要還無法真正完全排除例外的存在，就應當小

心看待對於事物所做的普遍有效的陳述。

舉例來說，如果你要描述「球」，你會說些什麼？你或許會說：是圓的，沒有角，否則的話，它就不能滾了。你錯了！這兩種描述都是錯的！因為有些球其實既有角、也能滾。你不妨想想足球，它雖然是圓的，可是上頭卻有60個角和90個邊，因為它是由12個五角形與20個六角形組合而成。因此，「球沒有角」這樣的陳述並不正確，不是嗎？

另一方面，休謨也對因果律提出了質疑。因果律是原因與結果的法則：舉例來說，如果陽光普照，天氣就會溫暖；或是，如果你先把這本書高高舉起，然後放手，這本書就會掉到地上。對此，休謨會說：請注意！或許你從未見過這樣的情況，不過這本書突然停留在空中，總是不無可能。我們當然知道，書本之所以會往下掉，並不是因為放手，而是因為重力。然而，重力的法則還是有可能在第一本不會往下掉的書出現時被打破。（如果你想嘗試一下，不妨改用一塊石頭，用這本書來做實驗未免太可惜了……！）

休謨對於邏輯和理智的懷疑，甚至令他斷然否認人類能夠基於理性的理由找到正確生活的規則。什麼是善、什麼是惡，人們無法理解，只能感受。他所說的其實不無道理。為何你不應該打某個同伴？因為這樣會讓他受到傷害。這點你感受得到。為何你的父母不希望你用髒話罵人？因為這麼做會傷害到被你辱罵的人。因此，倫理學（也就是與道德正確的行為有關的學問）多半與感覺有關。因為我們從這些感覺得知，根據這些感覺來調整我們的行為是理性的。

大衛·休謨是功利主義（Utilitarismus；參見P.121）的先行者。對功利主義者而言，能夠帶給最多數人最大幸福，在道德上便是正確的。據此，戰爭是不道德的，因為戰爭會帶給許多人許多的苦難，除非它能避免更多人的更多苦難。

7

腦袋還是肚子？

Kopf oder Bauch?

全都脫離蒙昧！
是什麼讓人變成人？

藝術課還是拉丁文課？從前，包括學業在內的各種決定，全都是由你的父母一手包辦。如今，他們則會說：你必須自己做決定。你已經長大了，有足夠的理智。

17、18世紀啟蒙時代的哲學家對於人之所以為人，也有過同樣的思考。這個時期最偉大的思想家康德（參見P.106及接續頁）曾說：「Sapere aude！」這句拉丁文的意思就是：「勇敢地運用你的理智吧！」洛克、休謨與柏克萊（參見P.93及接續頁）這幾位經驗主義者，是這個時期的先祖。他們曾經挖空心思思索，人如何達到理智，理智究竟是什麼，人可以用理智來做什麼。有別於他們，啟蒙時代的哲學家則認為，無論理智如何運作，它都是人之所以成為人的關鍵。它讓人有別於其他的動物。所有的人都擁有它，它讓所有的人平等。就所有的人來說，並不存在什麼「大人物」與「小人物」的差別。這樣的想法也讓統治者與被統治者的社會秩序首次遭到質疑。這個時期的思想家啟發了人們的蒙昧，他們向人們說明了：如果你們過得不好，無非只是因為你們脫離了平等與自由的天賦人權。關於何謂啟蒙，康德曾經表示：「啟蒙就是人類擺脫自己所招致的不成熟。不成熟就是不經他人引導就無法運用自己的理智。」

如果你的父母經常鼓勵你藉由理性的決定去形塑自己的未來，他們的目的無非在於此。他們不希望見到你因為懶惰或貪圖方便，在思想上任人擺布。

啟蒙時代的思想家認為，自由、平等、寬容和教育是幸福的基本前提。哲學家憑藉這些價值創造出一套新的政治思想。人們應當察覺、認識自己在社會中的權利，別再容忍某

個當權者去決定他們和他們的人生。

歐洲的王朝與教會注意到了這一點。

　　啟蒙運動是法國大革命思想上的溫床。1789年，法國
人民將**專制**君主從王位上趕了下來。而在美國，早在
1776年人們便已在《獨立宣言》的前言裡，寫下生命、
自由、財產和追求幸福的權利不可剝奪。這是第一份人
權與公民權目錄。時至今日，這些人權幾乎成為普世所
認同的價值。

所謂的專制，是
指所有的權力和
（統治）暴力全都
集中在某個統治
者手上。

《自由引導人民》（歐仁·德拉克羅瓦〔Eugène Delacroix〕繪，1830）

知識讓人不幸福？盧梭的「高貴的野蠻人」

馬克思和弟弟合資買了一台電腦。馬克思的年紀比較大，比較有錢，所以他出的錢比較多。不過他也因而老是霸占著電腦。他的弟弟總是得向他苦苦哀求，才有機會玩一下電腦。有時馬克思甚至還會耍點心機，不讓弟弟使用。

馬克思的行為十分可惡。不過他卻覺得自己有理。那台電腦在他們兄弟之間引發了許多的爭執。這場兒童房裡的戰爭，直到他們的爸爸出面對兩人做了嚴格的規定，才總算落幕。不單只有在兄弟姊妹間會有這種情況發生，這種關於「我的」和「你的」，關於自身利益的爭執，其實一直以來也都在人與人或民族與民族之間上演。如果惡鄰不喜歡和平，即使是最好相處的人也難以得到安寧；這麼說並不是沒有理由的。就連領導地位的競爭，如果涉及到知識與科技進步，同樣也可能造成不正義與不和平。誰是第一個登上月球的人？誰可以用最低廉的成本製造商品，藉此搶得最大的市占率？誰製造出第一個能夠自己思考的機器人？如果有人警告世人，進步也可能是一種詛咒，人們或許會把他們說成是牢騷滿腹的悲觀主義者。

在三百多年前的啟蒙時代，進步的信念在歷史上首度顯得極為生氣蓬勃。這個時代的格言之一就是：人類懂得愈多，過得就愈好。然而，有位哲學家卻不以為然，這位哲學家就是出生於瑞士的法國人尚─雅克·盧梭（Jean-Jacques Rousseau, 1712–1778）。他的基本信念是：人類的本質其實是好的，是由於文明、知識與文化，人類才變壞。盧梭曾表示，上帝讓我們在幸福的無知狀態下來到這個世界上，在這種原始狀態下的

盧梭也是個浪漫主義者。浪漫主義者希望回歸自然，認為人類不應再被自己的理智所支配。

我們，可謂是「高貴的野蠻人」。之所以高貴是因為，良心告訴了原始的人類什麼是善、什麼是惡：「所有我覺得是善的便是善，所有我覺得是惡的便是惡。」

文化破壞了人類的這種良心。

　　因為隨著文化的誕生出現了所有權。而人類的不幸也就此展開。盧梭曾罵道：「那個最先將一塊地圍起，並且跟別人說『這塊地是我的！』的人，就是國家與不平等的締造者。」隨著第一道柵欄的出現，人類忘記了「果實是屬於大家的，但土地卻並非屬於任何人的」。我們都很清楚後果是什麼：如果有人占有了些什麼，他便會想要保有它們，便會去阻止其他人將它們奪走。可是，那些一無所有的人，他們也想擁有些什麼。於是，對盧梭來說，這就開始了人與人之間犯罪，謀殺與戰爭的惡性循環。盧梭的哲學可以用「回歸自然」這句話來總結。人類應該在心態上回歸曾經有過的幸福自然狀態。

文明是指基於教育、技術發展與人的觀念所促成的進步。

盧梭的畫像（1712-1778）

誰來救救自由？
盧梭的「公共意志」

「回歸自然！」這怎麼可能？盧梭有個點子，可以讓人類即使在自己的自然原始狀態遭到破壞下，仍能再度幸福。

盧梭認為，雖然屬於眾人的天堂樂園遭到了破壞，人類還是可以設法讓每個人都享有現階段所能享有盡可能多的自由。只不過，唯有在眾人齊心協力之下，才能夠達成這一點。於是盧梭提出了社會契約的建議，法文原文為「contrat social」。同意加入這項契約的人，便會成為服膺於「公共意志」的個人。當每個人都遵守這項契約與它的規則，當每個人都和其他人一樣自由，公平正義便會再度回到人間。雖然幸福的自然狀態會因此再不復現，不過人們也無須絕望，可以借助社會契約，經營出最好的共同生活。憑藉社會契約，人們可以用「高貴的野蠻人」的自由來換取文明人的真正自由。真正的自由意謂著，在那當中，所有的人全都是平等的。

在盧梭過世11年後（他死於1779年），法國人民在1789年的法國大革命中主張了他們的自由權。

就連在我們的憲法裡，也都蘊含了盧梭的思想。德國《基本法》的第14條第2項規定：「財產權負有義務。其行使應同時有益於公共福利。」這項條文體現了這位18世紀的法國哲學家的基本主張：公共利益優先於個人利益。

能多有趣？喜歡嘲諷的伏爾泰與他的上帝存在證明

在他這一行裡，沒有其他哪個代表人物，能像
伏爾泰（Voltaire；本名為佛朗索瓦－瑪利‧阿魯埃
〔François-Marie Arouet, 1694–1778〕）這樣，對於所有
的人、事、物做出如此眾多犀利的嘲諷。在這些嘲諷
中，這位法國哲學家無非是要宣揚啟蒙時代的主要美
德之一：**寬容**。他曾說：「雖然我不同意你的觀點，
但是我誓死捍衛你說話的權利。」伏爾泰同樣也充分
利用了啟蒙時代的其他基本要求，思想自由與言論自
由；沒有什麼事、也沒有什麼人，能夠倖免於他尖銳的批判。
他自己雖然喜歡和上流社會往來，可是卻不會因此對他們的
嘲諷手下留情。尤其是對於教會，他毫無保留地顯露了自己
的厭惡之情。他批評教會自以為是，彷彿只有他們對於世界
的看法才是對的，但事實上，教會的領袖卻給人們帶來了許
多的苦難。唯有對於上帝，伏爾泰未曾妄加批評。他不僅信
仰虔誠，而且還曾經嘗試提出上帝存在證明。關於上帝的存
在，伏爾泰所提出的理由是：由於存在著某些事物，所以存
在著某些永恆的事物；因為沒有什麼事物是無中生有，人們
大可信賴這項確定的智慧。此外，由於存在著自然法則，因
此在某處也必然存在著法則的制訂者，而那就是上帝。伏爾
泰還深信，上帝之所以把人帶到這個世界上，就是為
了讓人活得開心。而這位法國的哲學家也顯然充分地
做到了這一點。

寬容就是能夠接受
他人不同的信念、
觀點或信仰。

「如果上帝不存在，
那就必須把祂造出
來。」—伏爾泰

理性讓我們跌入深淵？康德如何讓我們免於傷腦筋

人生在世沒有一個人會沒有任何疑問。某人或許只想了解自己周遭的事物是如何運行。另一個人則或許會為了關於起點和終點，或是目的和意義之類的問題傷透腦筋。

對此，人們很容易會陷於疑惑。有些人會去相信上帝，有些人則寧可遠離那些思考。對此，伊曼紐‧康德（Immanuel Kant, 1724-1804）曾表示：沒有關係！這位啟蒙時代的偉大思想家，把那些與形上的、屬於有形世界以外的事物有關的問題，看成是我們的命運。不過，也因此沒有人必須感到絕望；這位來自柯尼斯堡（Königsberg）的哲學家安慰大家。在他的《純粹理性批判》（Kritik der reinen Vernunft）一書中，康德告訴了大家理由：因為人類完全無法認識「物自身」（Dinge an sich）。我們所見到的東西，其實早被我們的感知所影響，因此它們不再是那些東西本身。舉例來說，我們雖然見到了自然，可是我們所見到的，卻並非自然「本身」。不過，我們還是能夠去認識，它是根據什麼樣的規則在運行。

康德把認識區分成兩個層次：我們先是見到了那些「先驗地」（a priori；從一開始）顯示給我們的東西，接著我們才利用感官和理智「後驗地」（a posteriori；事後）去整理這些意象。藉由這樣的方式，康德調和了理性主義（認為唯有理智所能認識的事物才是真確〔參見P.90，關於笛卡兒的部分〕）與經驗主義（認為唯有感官所能證明的事物才是真確〔參見P.93〕）。康德的這一套同樣也適用於人類的理智。在他看來，每個人在「先驗」上都是一樣的。這時就取決於每個人分別從中做了什麼。如果你在學校裡從不舉手表達自己的意見，要是你的老師認為你愚蠢，這也就沒什麼好奇怪的了！

康德將哲學從必須證明上帝是否存在的困擾中救出。在他看來，這個問題是「先驗地」存在著，它取決於每個人會從中得出什麼，因此每個人都能自由地去相信或不相信上帝。

己所不欲……
康德的
「絕對命令」

康德在《純粹理性批判》中指出，這個世界有個預定的秩序。至於在人的方面，情況又是如何？人可以自由地行為，還是說，同樣也有一套適用於人的法則？

在他的另一部著作裡，這位來自柯尼斯堡的哲學家探究了人類的道德問題，他把這部著作命名為《實踐理性批判》（*Kritik der praktischen Vernunft*）。他在書中探討了，是否存在著某種深植於人心的道德法則，也就是某種人類無須外求的固有法則。

我們具有某種會告訴我們什麼是善、什麼是惡的良心。一直以來，已有許多哲學家鑽研過這個問題。如今，康德的倫理學則指出，重點並不在於人們對於自己的所作所為是否感覺良好。康德找到了一條關於人類行為的固有法則。他將這條法則稱為**絕對命令**（kategorischer Imperativ）。它的內容就是：「你的行為應該要做到，讓你的意志所根據的準則隨時都能被當成普遍立法的原則。」這句話看起來有點複雜，不過它實際上所要表達的無非就是：「如果你不想要別人對你做些什麼，你也不要去對別人做那些事情！」

根據這項法則，所謂的「好」人，並不是那些由於自己喜歡別人或自己會因此感覺良好，而去幫助他人的人。那些以自己希望被對待的方式去對待別人的人，才是在道德上行為正確的人。儘管如此，人還是有選擇不這麼做的自由；只不過，這麼做的結果，他自己也不會好過。

絕對命令意即無條件有效的義務規定。因此康德的倫理學也被稱為義務論的倫理學。

康德尋找這個世界既存的基本條件，這樣的哲學被稱為「超驗哲學」（Transzendentalphilosophie）。它所研究的是那些無法用感官認識的對象。這些條件有屬於自然方面的，它們是科學的研究對象。至於人的意志這方面的條件，則是屬於道德。

又是康德!?
向現代前進

康德不僅藉由他的「絕對命令」為倫理學開啟了新頁，他更為哲學賦予了一個新的架構。

康德將人的問題分成四個領域，直到今日，哲學依然維持著這樣的架構。他的四大問題分別是：

1. 我能知道什麼？
2. 我應該做什麼？
3. 我可以希望什麼？
4. 人是什麼？

第一個問題是形上學所要處理的問題；形上學是一門延伸到人類可經驗的範圍之外，嘗試超越人類理性界限的學問。「我應該做什麼？」這個問題，則必須交由倫理學來回答。

倫理學所研究的是，適用於每一個人的道德原則。

無論是做為個人，還是做為整體的社群，人都可以、最終甚至必須根據這些原則而活。直到今日，不單只有哲學家，就連一些政治家也都為此傷透腦筋。唯有當人類能夠在這個問題上，找到一個適用於所有的人、同時所有的人也都認可的答案，這個世界才有可能和平。針對「我可以希望什麼？」這個問題，宗教則試圖給出答案。畢竟，人們所抱持的希望往往都是延伸到自己的生命之外。

至於「人是什麼？」這個問題，則匯集了前三個哲學領域的思想。它是哲學人類學所要研究的對象。人類學是一種關於人的學問。它可以大略區分為兩種：一種是自然科學的

你只是單純活著，還是有在動腦？　　　　質疑所謂理所當然的事

人類學，這種人類學把人當成生物來研究，以此為出發點去探究人的起源和發展；另一種是哲學的人類學，這種人類學所要研究的則是，人類的天性是什麼，做為一種會行為的生物，他們讓自己成為了什麼、能讓自己成為什麼、應讓自己成為什麼。

　　康德的這些問題總是一再地被每個人重新提出，因為每個人都為自己從頭開始這些問題，而且人類整體也不斷地在進步。康德也意識到這一點。他曾表示：「我們不會去期待人類的精神有朝一日會完全放棄形上學的研究，正如我們不會去期待為了不要老是吸入不純淨的空氣，我們有朝一日會寧可完全停止呼吸。」我們也可以這麼說：人類需要哲學思考，猶如生命需要空氣。

康德肖像（繪製於1780年左右）。

8

上到令人頭暈目眩
的高處——「我」的祕密

Hinauf in luftige Höhen –
Das Geheimnis des Ich

在一整天包括枯燥的數學在內的課程結束之後，你會如何讓自己恢復活力？也許你會打開音樂播放器，躺在床上，做做夢，想想關於自己的一些事情。

在那麼多的專注與邏輯之後，來點思想旅行是有益的！康德之後的哲學家也是這麼想。在許許多多關於理性的討論之後，18世紀末的哲學家再度將研究的重點擺在人的內在：具有感情、思維與創造力的個人（Individuum）。在文學上，這個新的時代稱為浪漫主義（Romantik）時代。主張「回歸自然」的啟蒙時代思想家盧梭（參見P.102及接續頁），則被譽為首位浪漫主義哲學家。不過，在哲學上，這個時代則稱為觀念論（Idealismus；又稱唯心主義）時代，因為人的自我及其觀念是思考的重心。在構成世界的所有事物中，這個自我具有什麼重要的意義？我和我周遭的一切有什麼關係？我只是大自然的一部分？或者，我其實是個行為主體，對於我周遭的事物有著影響力甚或宰制的權力？

個人一詞其實是指不可分割的東西，一旦進行了分割，就會喪失其特點。我們使用個人一詞，則是指具有獨特人格的個體。

　　早在柏拉圖（參見P.56及接續頁）那時，他便曾在思想上漫遊觀念的世界。有別於這位偉大的古希臘思想家在世界之外的某處尋覓觀念的原型，觀念論者則是問：觀念是否就在我們身上，我們只不過是在自己的思想中反映了這個世界，還是我們自己其實只是某個更大、更高階的觀念的映象？這個時代的思想轉捩點並非只是人本身可以、應該或允許做些什麼，而是做為「個人」、做為「我」的人。然而，這個「我」（Ich）是什麼呢？它是如何產生，它與那些「非我」（Nicht-Ich）又是如何區別？

隨著觀念論者的登場，哲學又再度搭上了思想的雲霄飛車。這回的馬莽司機是約翰．費希特，他讓人類成了創造自己的生物。

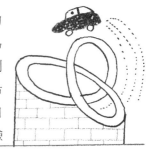

費希特（Johann Gottlieb Fichte, 1762–1814）將他自己的思想建築稱為「自由體系」（System der Freiheit），因為它將人這種最先知覺這個世界的生物提升為事物的創造者。不過，為此人必須先知道，他是他自己。費希特曾說：「自我設定自己。」他的解釋則是：這個「自我」，藉由發現到其中有一部分有所不同，從而經驗到了自己。在這一刻，人意識到了自己別於他真正的自我。根據費希特的說法，這個自我與非我對立。這意謂著：舉凡那些不是你，必然有別於你的自我。

然而，其他的事物又是什麼呢？它們是真實的嗎？還是說，它們的存在其實得要感謝你知覺到了它們？大約一百多年前，經驗主義思想家喬治．柏克萊（參見P.96）也曾有過類似的想法。這時，費希特所思考的則是，人的這種知覺如何做為他自己來運行。他的答案則是：「自我在自我中與非我對立。」

不過，伴隨著這套自我理論（某種由自己且完全不透過知覺所創造出的自我），費希特也告別了上帝。再也不需要祂了。這位哲學家顯然也對自己的「自由體系」感到有點暈頭轉向，他曾不安地自問：萬一人只是想著自己在思考，可是這樣的思維本身卻只是一場夢，那會如何？這時必然還得要有什麼，讓「人」去做這場夢，所以還是要有上帝。

費希特把思考的三個步驟（「自我設定自己」、「自我與非我對立」、「自我在自我中與非我對立」）稱為知識學（Wissenschaftslehre），因為所有的知識都能以這種方式來證明。黑格爾則從中發展出辯證法（參見P.115）。

一切都只是上帝的精神？
謝林，第一個綠黨黨徒

當最後一棵樹被砍倒，最後一條河被毒化，最後一條魚被捕捉，我們才會發現錢是不能吃的！你聽過綠色和平的這句口號嗎？

為何人非得傷腦筋？謝林的答案是：脫離自然使得哲學思考成了不可或缺的事。

如果說，兩百多年前有過這樣的環保人士，弗里德里希‧謝林（Friedrich Wilhelm Joseph von Schelling, 1775–1854）或許可說是他們的思想領袖。他是費希特及其哲學（將人的自我提升為造物者的角色〔參見前一節〕）最猛烈的批評者。謝林甚至認為盧梭的「回歸自然」（參見 P.103）還不夠，在他看來，人類本身就是自然的組成部分，它的創造力最明白地顯露在人類的精神上。不過，這個精神其實是某種盤旋於萬物之上的世界靈魂的表現。而這個世界靈魂則是在自然中隨處可見：在植物裡、動物裡，甚至在像石頭那樣沒有生命的物體裡。這個世界靈魂追求著在上帝裡實現自己，因為最終它就是上帝。謝林相信，這個上帝就反映在人的理性之中。這賦予了人脫離自然的自由。儘管如此，人還是不能違背自然，因為他還是依存於自然。如果人斬斷了這條「人類特質」的帶子，他將因妄自尊大（自以為自己是一切，或自以為自己高於一切），而墮入「不存在」。今日，環境被人類大舉地破壞，可說是完全印證了這項警告。對於謝林而言，致力於追尋上帝的最高表現形式是藝術，因為在藝術作品裡，人的創造力與物質（藝術作品的材料）相互調和。

你的某個姑姑說：「你完全像爸爸！」
另一個姑姑則反駁說：「不，完全像媽
媽！」你的父母則笑著說：「是結合了
我們兩個最好的部分！」你卻生氣地
認為：「我就是我！」

一加一如何等於三？
黑格爾的辯證法
Part 1

你當然沒有錯！畢竟你擁有一個獨特而完整的人格。不過，
你的母親和你的父親得到了你，這其實也是對的，因為他們
相愛，從而想要有個共同的孩子。你的身上不單只是融合了
他們的基因，更灌注了他們所有的期待與希望。當然，他們
肯定十分樂見你盡可能多地獲得了他們的智慧與仁慈，或許
再加上母親漂亮的藍眼睛或父親濃密的黑頭髮。即使事與願
違，他們也會很高興擁有你，為你感到驕傲。畢竟，他們兩
個的結合創造出了一個很棒的新生命。有朝一日，如果你找
到一個你喜歡他（她）、他（她）也喜歡你的人，或許你們
也會想要有個孩子，這個孩子將再次從你們兩人身上獲得
最好的部分。世世代代就是這麼不斷繁衍。不過，黑格爾
（Georg Wilhelm Friedrich Hegel, 1770–1831）或許會說：不光只有
世代！如同康德，黑格爾也是德國最重要的哲學家之一，他
根據「傳宗接代」這句話解釋了整個世界。他
的方法稱為辯證法（Dialektik），簡單來說就是：
兩個對立者（例如你的父親和你的母親）相互
對立，他們在他們的矛盾中（男性和女性）相
互結合起來，從中生出了一個孩子（你）。欲
知生子如何變成哲學，且看下一節的分解。

黑格爾的辯證法（源自希臘文
dialegesthai，原意為進行論述與
反論述的言語交鋒）是一種三
階段的哲學思考體系。簡單
來說就是：命題（These；基本
主張）為反命題（Antithese；矛
盾）所反對，繼而從中得出一
個結論——合命題（Synthese）。

吵架會讓人變聰明？
黑格爾的辯證法Part 2

在《精神現象學》(Phä-
nomenologie des Geistes)
裡，黑格爾嘗試去說明，
世界是如何顯現在人
的面前，他又如何才能
為自己解釋這個世界。

我們可以在黑格爾的辯證法裡給費希特來個親切的問候。黑格爾從他那裡借用了三階段的思考模式，繼而在他的《精神現象學》裡說明了這整個世界。

黑格爾表示，人的理性、歷史、世界，甚至就連上帝，都能藉由辯證法來認識，而且它們自己也能認識自己。且讓我們從人開始。請你回想一下照鏡子的例子（參見P.36）：當一個孩子第一次在鏡中看到了自己，他或許會認為這是別人。慢慢地，他才會了解到：這是我！接著他才會開始思索自己。最後他便會以這樣的方式認識他的自己。如果以辯證法的方式來表達就是：自我在鏡子前（命題）遇見了自己之外的另一個人（反命題），在這個陌生人身上，自我重新認識了自己，並且將「兩者」結合成真正的自我（合命題）。這時孩子便對自己有了更多的認識。

黑格爾從中得出結論。他認為，人做為一個個體追求著「主觀的理性」，而同樣的道理也適用於比個人更高階的家庭、社會和國家。黑格爾所提出的理由則是：並非只有個人追求著這樣的認識與更完美的境界，整部歷史的過程其實就是如此。人類之所以會不斷地進步，無非是因為持續遇到看似相互對立的情況，可是最終還是能夠從中得出一個理性的結論。家庭、社會和國家表現出了黑格爾所謂的「客觀的理性」，它比主觀的理性更為優越。也因此，個人有義務無條件地屈從於國家。就連戰爭，對於黑格爾而言，也有其意義。為了理解他所說的到底是什麼意思，你不妨想像一下，當你和你的弟弟陷於爭吵時會發生什麼事。雖然你們的爭吵

沒有戰爭那麼血腥，不過有時還是可能擦出一點火花。你們雙方都各執己見。儘管如此，你們最終還是會言歸於好。只不過，唯有當你們雙方都承認與接受對方有部分的意見確實是對的，才有真正的和平可言。

　　對於黑格爾而言，理性的最高層級產生於藝術、宗教和哲學裡。

　　　　　　　它們反映了世界精神，也就是上帝。

　　就連上帝，這位德國的哲學家也都以辯證的方式來解釋。他的解釋大致如下：就連上帝的精神，也都會因為做為自然且與人類的精神對立，而遠離了自身。如果人憑藉自己的理性去觀察自然，便會見到上帝的映象，但同時也會從中觀察到自己。就這樣，上帝最終得以在自己的完美中認識到自己。祂在這樣的情況中與鏡子前的孩童無異：上帝透過自己認識了自己。

黑格爾講學圖（F. 克魯格〔E. Krüger〕的版畫）。

熱情何在？
齊克果——
第一位
存在主義者

當一個人必須站在某個巨大的思想建築底層，在那之上，這個世界則是一路提升至上帝，這個人會作何感想？勢必會覺得自己極為渺小。

索倫・齊克果（Sören Kierkegaard, 1813–1855）這位哲學家也批評了黑格爾那種帶有三個理性層次（主觀的、客觀的、絕對的）的辯證建構，他認為：「人活在他自己的生命裡！」齊克果惦念熱情，尤其是他的哲學賴以為基礎的一種情感：恐懼。齊克果很多愁善感，也許正因如此，他成了第一位存在主義（Existenzialisten）哲學家，半個世紀之後繼而形成了一種哲學思潮（參見 P.130）。齊克果認為存在先於本質：在我們為了某些東西是什麼而傷透腦筋之前，我們必須先認識到某些東西存在的這件事。如果人身為一個個體都找不到自己，那麼整個對於絕對真理的追尋又有何意義？齊克果曾說：「重要的不是知識的規模，而是人內在的行為。」並且據此否定了科學的價值。他在信仰與理性之間，也在信仰與教會之間，畫出了一條分界線。他認為，上帝是個別召喚每個人，而不是人類全體，更不用說像「教會」這樣的組織。

在齊克果看來，他自己的人生就像是惡性循環：他先是由於過度擔憂自己無法帶給任何女人幸福，而與未婚妻解除了婚約。後來卻又因這位女性而陷入愛情的苦惱，傷心欲絕。

「信仰意謂著輸掉理智以贏取上帝。」——齊克果

這位丹麥哲學家將人生區分為三個階段：在感性的階段，人耽溺於自己的情感。在倫理的階段，人則會決定自己想要怎麼活。但即使如此，人還是無法找到自己人生的意義，所以最終便會轉向信仰，跨入宗教的階段。

你是否有什麼崇拜的對象？或者是某個明星的粉絲？如果是的話，你肯定會樂於像他或她一樣，穿著類似的服飾、梳著同樣的髮型。人們總是喜歡仿效自己的偶像。

誰創造了上帝？費爾巴哈的相信自己

這些偶像對我們來說多半都遙不可及。如果我們在日常生活中近距離和我們崇拜的對象接觸，我們的一些幻想可能很快就會破滅，他們終究也只是普通人。我們之所以崇拜，無非是因為我們對他們有著某種想像。對於路德維希‧費爾巴哈（Ludwig Feuerbach, 1804–1872）而言，上帝不再是這樣的偶像。他曾表示：人會把自己不是、卻又想成為的，想像自己的神就是那樣的存在。費爾巴哈特別批評了基督教的《聖經》。當中寫道：上帝根據自己的形象創造了人。費爾巴哈不以為然，他認為應該倒過來才對！人類根據自己的形象幻想出了上帝。事實上，上帝根本不存在。因此，我們其實不應該汲汲於將自己的理想投射到天上的某個地方，應該好好地相信自己。在費爾巴哈看來，宗教純然是利己主義，信仰上帝無非只是為了追求幸福與試圖擺脫死亡。畢竟，如果我相信死後的生命，死亡的可怕便會消失。然而，人不該在彼岸尋找上帝，而該在此岸，也就是在人自己的身上。唯有如此，人才真正成為人。後來馬克思（參見 P.122 及接續頁）和他的同伴弗里德里希‧恩格斯（Friedrich Engels），借用了費爾巴哈的上帝批判，將宗教稱為「人民的鴉片」：因為有了某種對於幸福彼岸的期望，人們就比較容易接受此岸的痛苦。

費爾巴哈後來成了女性主義的偶像（參見 P.144），因為他致力於男女的平權。

只是我一廂情願？
悲觀主義者叔本華

如果你一早起床就想著，今天將一事無成，那會發生什麼事呢？你會在前往浴室的途中跌倒，會在作弊的時候被老師抓到，會在中餐時將義大利麵打翻在褲子上。

悲觀主義者就是那些總是只期待最壞的事情，從而對於發生在自己身上的好事也不再感到高興的人。

如果一個人盡往壞的方面想，他肯定不會有什麼人生樂趣。哲學家亞瑟・叔本華（Arthur Schopenhauer, 1788–1860）就是這麼一個陰暗的悲觀主義者（Pessimist）。對於人生，他曾說：人被希望所騙，舞向死亡懷裡。這是為什麼呢？因為，對他而言，這個世界並不是真實的，只不過是由人的想像所構成，而這些想像則取決於人的意志。可是人並沒有理性，因為人總是只想滿足自己的欲望，而這正好令人始終感到不滿。

你是否覺得這種想法有點似曾相識？比叔本華早了兩千三百多年的釋迦牟尼（參見P.41）便已表達過類似的想法。直到19世紀初，釋迦牟尼的思想才被從印度的梵文翻譯成歐洲的文字。叔本華對印度的涅槃與虛無等思想做了許多的研究，並且將這些思想帶入歐洲；數年之後，另一位哲學家尼采（參見P.124），則賦予了這些思想**虛無主義**（Nihilismus）之名。即使在快樂上，叔本華也找不到任何正面的東西，因

類似於釋迦牟尼，叔本華認為，唯有藉由遠離原本的生活，強迫自己一無所求，人才能從痛苦中獲得解放。

為人只是暫時感受了它們；畢竟，它們只會維持很短的時間，接著就會再度被無趣和可怕的無聊所取代。人飢己飢、人溺己溺的同情能力，是叔本華在人類身上所能找到唯一的好。叔本華的倫理學也就僅此而已。

你只是單純活著，還是有在動腦？　　質疑所謂理所當然的事

什麼是幸福？
功利主義與
人類行為的益處

有別於浪漫主義者與觀念論者，分
別在自然與觀念世界中尋找個人的
位置，18、19世紀期間，在「真正的」
世界裡，則是發生了巨大的改變。

隨著工業化的到來，人類的生活與社會也跟著開始轉變。原
本的農夫與工匠，逐漸轉為工廠的工人。從前的人是用自己
的雙手來生產器物，如今這些工作則改由工廠主人所擁有的
機器來代勞。人們和自己的工作成果變得不再有任何關係，
不僅如此，他們由此得到的報酬，多半還都不足以好好地
養家活口。這種新的生活形態也在哲學裡激發出了一些新
的問題：人的行為的目的是什麼？一個行為結果與
行為人不再有關的社會，會是什麼模樣？功利主
義者（Utilitaristen）是最早嘗試針對這些問題提出答
案的人。其中主要以兩位英國的思想家為代表，傑
瑞米・邊沁（Jeremy Bentham, 1748–1832）和約翰・
彌爾（John Stuart Mill, 1806-1873）。**功利主義**（Utilita-
rismus）不問：「為什麼你要做某些事？」只問：「做
那些事能得出什麼？」對於人的行為，這種哲學取
向只問它的益處。邊沁和彌爾認為，人的行為的益

對於彌爾而言，個人的
最大自由也屬於最大
幸福。因此，他也為爭
取婦女的平等而奮鬥。

功利主義一詞源於拉
丁文的utilitas，意思就
是用處。

處，必須根據它能為人類帶來多少幸福加以衡量，而且必須
就當下的情況，而非在某個來世的世界。他們要求：一個社
會的行為必須以帶給最多數人最大幸福為其目的。

究竟是我是我所知道的，
還是我知道我是什麼？
從存在到意識，
或者顛倒過來

當你親手做了一個禮物，你一定很想
知道，收到這個禮物的人是否感到歡
喜。你的妹妹是否對你為她做的鑰匙
圈喜形於色？或者，她十分嫌棄地把
它丟在一旁？

「人的根本就是
人本身！」
── 馬克思

那個鑰匙圈是你花了很多心力完成的，裡
頭可說是包含了某些屬於你的東西。不過，
如果為了賺錢，你必須日復一日地在某個工
廠裡製作鑰匙圈，情況又會如何呢？你不曉
得，那些鑰匙圈到底流落何方，不過你或許會知道，工
廠的老闆藉由「你的」鑰匙圈賺了很多錢，但是你和它
們卻不再有任何關聯。這種由於工業化（換言之，借助
機器來生產商品）而在工廠工人身上所發生的情況，卡
爾・馬克思（Karl Marx, 1818–1883）稱之為異化（Entfrem-
dung）：當人除了自己的勞動力以外一無所有時，他自己
就會變成別人可以購買的商品（為了生活，他必須販賣
這些勞動力）。

可是，在這樣的情況下，他自己哪裡還算是個人呢？

19世紀的工人所面臨的，正是這樣的情況。馬克思稱
這樣的人為無產階級（Proletariat；源自拉丁文proletarius，最低
等級的公民的意思）。馬克思深入地研究了黑格爾及其辯證法
（參見P.115及接續頁），不過他卻不相信世界精神那一套（根據
黑格爾的體系，矛盾的理性，在它最高的層級裡，歸屬於這
樣一個世界精神）。在他看來，以某種形上的、經驗世界以
外的觀念來解釋人的存在，並沒有什麼意義。不僅如此，他
更認為，不是意識（透過某種更高的知覺）決定了人的存在，

你只是單純活著，還是有在動腦？　　　質疑所謂理所當然的事

而是存在（當下的生存）決定了意識，決定了人在自己的生命中所見到的意義。馬克思糾正了哲學的頭腳倒置。他曾表示：哲學家只是以不同的方式闡釋了這個世界，然而，改變這個世界才是重要的。在這方面，馬克思利用了黑格爾的辯證法，但卻是將它從天上帶回地上。在馬克思看來，人不是個體、不是個人，而是一種分屬不同階級的社會存在：除了自己的勞動力以外一無所有的無產階級，以及擁有生產工具（土地、工廠、機具等）的資本階級（Kapitalisten）。對於馬克思而言，這兩個階級猶如黑格爾的命題與反命題相互對立。

不過，勞資之間的矛盾，則會在歷史的過程中，透過無產階級從資產階級那裡奪走生產工具而消除。接著就會暫時處於無產階級專政的狀態：這代表社會中發生什麼事，全取決於工人。可是就連這樣的狀態也都只是暫時的，因為接下來階級便消失了（合命題），最後一切都屬於所有的人。這套理論被稱為馬克思主義（Marxismus）。

到了20世紀，馬克思主義成了共產主義（Kommunismus）這種政治思潮。在共產國家，例如前蘇聯，國家沒收了私有財產，不過執政的卻不是無產階級，而是共產黨，他們施行專制，嚴格規定人民必須如何生活。眾所周知，這完全偏離了馬克思的理想。

德國克虜伯（Krupp）公司的工廠（攝於1900年左右）。

價值有價值嗎？
尼采是如何宣告
道德與信仰為廢物

「上帝已死！」弗里德里希‧尼采（Friedrich Nietzsche, 1844-1900）曾經這麼說，他也同時宣告了所有的價值與道德毫無意義。如果一切真如叔本華所說的只不過是意志，為何還要對它們有所恐懼？人難道沒有因此擁有絕對的自由，去貫徹自己的這些意志？

尼采認為，人的目的必定是「自由的精神」。為了達成這個目的，強者有權壓制弱者。這個世界在尼采眼中無異於爭取權力的意志。在他看來，人的目的是成為某種更高的存在，成為所謂的「超人」（Übermensch），不過「超人」並不是神。從沒有任何哲學家像尼采這樣，徹底地與信仰和道德決裂。尼采不僅宣稱：「每個自以為真理的觀點必然都是錯的。」他還斷然拒絕所有的形上學。這種對於事物之後或之上的東西大傷腦筋的行為，到底算什麼？它們有讓人更進步，讓這個世界變得更大、更好或有所不同嗎？這一切毫無意義，它們漂浮在終始如一的虛無中。因此，尋找這樣一種東西，同樣也不會有什麼意義。知識、道德與信仰，既無助於真理，也無助於正義與和平。尼采認為，宗教把對信仰的懷疑當成謊言來禁止，此舉已經宣告了它自己的死刑。在那當中還會留下什麼呢？一無所有！

尼采是位虛無主義者（Nihilist），因為他否定了所有的價值與信條。

在北極，見不到一棵棕櫚樹；在沙漠裡，沒有半條魚能存活。是的，因為所有的生物，無論是動物還是植物，只能在那些自己與自然環境相互適合的地方生存。

誰在生存的競爭中活了下來？達爾文與他的演化論

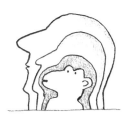

哪些植物或動物能在哪裡生存，這取決於它們所身處的環境有多熱或多冷、有多乾或多濕，還有那個地方是否存在著適合的食物。一旦環境改變，它們便可能因而滅絕。除非個別的物種能夠及時適應新的生存條件。從古至今，情況一直如此，並非從人類開始破壞環境才發生。地球本身也不斷地在發生改變。地球變成如今的面貌，其實是經過了數十億年。不過，對於某些生物來說，這樣的速度還是太快了一點。

　　這一切我們早已熟知。不過，當自然科學家查爾斯‧達爾文（Charles Darwin, 1809–1882）在19世紀首度有了這些發現，卻曾造成一場轟動；就連他意識到人是從動物演化而來的這一點也不例外。達爾文從他的生物學研究成果中得出一套哲學知識，也就是所謂的**演化論**（Evolutionstheorie）。這套理論告訴我們：生命的價值就是為生存而競爭，唯有適應能力最強者，才能在這場競爭中存活（「最適者生存」）。達爾文所提出的這套關於物種起源的理論，讓《聖經》連同它的創世史都遭到了嚴重的質疑。因為，如此一來，上帝在六天之內創造了這個世界與所有的生物，這個故事再也不會是正確的。不僅如此，如果自然確實只讓最有能力者存活，這會代表著什麼呢？這代表著，基督教所相信的人人平等也將不復存在。

50多年後，希特勒與納粹分子援引了尼采的「權力意志」（參見前一節）與達爾文的「最適者生存」。他們濫用這些理論，將猶太人、異議人士、同性戀者、羅姆人（Roma）與辛提人（Sinti）等宣告為劣等人，進而以此為由對他們進行大屠殺。

演化論認為，所有的生物都是從低階進展到高階。

如果有人以某個人在社會裡的價值來評斷這個人的價值，我們便稱其為社會達爾文主義（Sozialdarwinismus）。

發號施令的是誰，是「本我」還是「自我」？佛洛伊德如何揭露心靈

你是否曾經有過特別美麗、有趣甚或極度恐怖的夢？這時你或許會在好心情或驚嚇之中甦醒。你會問自己：剛剛那些到底是什麼？

你曾是位巨星，現身於某個超級派對上？這種情況你還可以解釋：即使是在清醒的狀態下，那也是你的夢想。可是，那些無中生有、你逃都來不及的「夜間恐怖片」，又該如何解釋呢？對此，來自維也納的醫生暨哲學家西格蒙德·佛洛伊德（Sigmund Freud, 1856-1939）或許會說：你的「本我」（Es）對你發送了一個訊息。佛洛伊德是心理分析的創始人，心理分析所要探究的是，那些在一個人內心深處活動著的事情，由於他將這些事情壓抑在內心深處，因此就連他自己也沒有意識到這一點。唯有在夢裡，通向這些事情的門戶偶爾會向他開啟。另一方面，一個人也有可能因為這些事情而生病。為何會如此？根據佛洛伊德的說法，因為一個人的行為並非完全取決於理性，它們同樣也取決於一個人的「本我」與「超我」（Über-Ich）。「自我」是有時我們會在不知不覺中被「本我」干預的理性。「本我」則是驅力或潛意識，誠如佛洛伊德所言。它們會被「超我」（也就是，我們所身處的環境加諸於我們的價值與規則）所壓抑，這就有可能致病。舉例來說，某個患有進食障礙的成年人，在他小的時候，或許曾被父母不斷地以「把盤子裡的東西吃光！」之類的話折磨，雖然他長大之後已經完全忘了這些事情，可是他的「本我」卻把這些事情儲存了起來，這也就是為何他日後吃東西時還會感到嘔心。心理分析會在患者身上尋找這種被隱藏起來的**創傷**，將它們從潛意識中揭露出來。接著「自我」便能去處理它們，如果情況順利，患者便能回復健康。

佛洛伊德的研究重心主要擺在性的方面，這也讓他惹來嚴重的非議，一方面是因為性在當時仍被視為淫穢，另一方面則是因為他曾表示，人在幼兒時期便已能感受到性的快樂。

佛洛伊德式錯誤（Freudscher Versprecher）是以佛洛伊德來命名。當我們突然脫口而出某些我們根本不想說的東西，我們便稱這是「佛洛伊德式錯誤」。

創傷是指某種深層的衝擊。

你只是單純活著，還是有在動腦？　質疑所謂理所當然的事

9

美麗新世界
Schöne neue Welt

人類還是過去的人類嗎？
進步與科技如何翻轉思想

在網路上漫遊全世界，對你來說，這跟每天早上的日出一樣平常。如果你想邀請你的祖母一起來趟網路之旅，她或許會感到訝異，然後面有難色地向你婉拒：算了吧，這種事我做不來！

這個世界任我們自由探索，各種機器為我們承擔了繁重的日常工作（你最後一次親手洗碗盤是在何時!?），我們隨時隨地都能和某人通話，如今這一切對我們來說完全是稀鬆平常。然而，如果現在出現了什麼新事物，從而改變了人類的生活，我們究竟會發生什麼事呢？請你試著回想一下，在手機問世前，那時的生活是什麼模樣。或者，在有像是Gameboy或PlayStation之類的電玩之前，你又是如何安排自己的休閒時間。當時你或許也不會覺得過得比較差。可是，如今你卻很可能會認為，沒有這些東西，自己恐怕就活不下去！

新的可能性不僅改變了人的生活，同時也改變了人。有史以來，從未有過像今日這麼快的進步。這也難怪，老人家偶爾會感嘆：我再也跟不上時代了！馬克思提出的「究竟是存在決定意識，還是意識決定存在？」（參見P.122及接續頁），這個問題如今所具有的現實性超越了過去的任何時代，而且也比馬克思對此提出解答的那個時代更為迫切。

文藝復興時期（參見P.80及接續頁）的種種發現，主要擴大了人類在空間方面的視野，不過它們倒是未曾立即且直接地改變了個人的生活。這樣的情況一直要持續到，由於印刷術才促成的教育普及，同樣及於社會「底層」的人。從19世紀末開始，在20世紀時逐漸加強，如今則變得更為急遽，科技的進步，以令人難以置信的速度和方式，翻轉了全人類

的生活。諸如物理學、生物學、化學等自然科學，連同資訊科學，創造出了許許多多你的父母即使在最瘋狂的夢中也想像不到的東西。各種研究的成果直接應用在我們每個人的身上。不妨去想想醫學和它們今日所能辦到的那些事。

這一切的變化也讓哲學面臨了新的問題：思想是否還能或還該脫離日常生活，圍繞在「物自身」或某個超越人類經驗的形上空間打轉？或者，哲學家必須為科技的進步提供服務？研究與進步本身，是否具有沒有任何人、事、物應該甚或能夠阻止的價值？又或者，哲學是否必須去研究它們對人類、政治或社會的影響？或許，哲學是否甚至必須在倫理學裡大聲地呼喊：停下，到此為止，別再繼續!?在基因科技的例子裡，你可以明白看出，這些問題是如何令人焦頭爛額（參見P.148及接續頁）。20世紀的兩次世界大戰，首度為我們顯示了科技的進步如何毀滅難以數計的人命。原子彈的出現，甚至讓地球的完全毀滅成為可能。

即使如此，每個人還是只為自己而活。

可是，在這樣的一個世界裡，哪裡還有個人安身立命的地方？哪裡可以找到個人的人生意義？哪裡是身為人的人的歸宿？人還能去哪裡？這些問題促使了一股新的哲學思潮形成。這股哲學思潮則被稱為存在主義（參見下一節）。

人生在世是被詛咒？
存在主義者

存在主義是一股思潮，在20世紀時，法國有許多藝術家為這股思潮推波助瀾。人們可以從他們的黑色服裝認出他們。

有時候，無論我們做得再好，父母也會一直對我們吹毛求疵。這時你或許會很想對他們說：「是你們想要我的！你們又沒有問過我，我到底想不想要來到這個世上！」

在這樣的情況下，你可以算是說出了一句關於你自己的存在主義語句。存在主義是一種哲學的流派（參見 P.44），它不去問：為何我出生在這個世界上？這個世界和我有什麼關係？在這個世界裡，我的目的和意義是什麼？我的人生有著什麼樣的目標？存在主義者把人拋回做為個人的「此在」（我的存在）。他們認為，把腦筋動到人的本質、人與上帝或世界的關係，根本就是多餘且毫無意義。因為根本就不存在為人生預設好的保證、價值、秩序或規則。人唯一能夠真正確認的，就只有他自己的存在。對此不可能有任何可以理智來掌握的解釋──因此，這方面的所有沉思，不過是浪費時間罷了，因為人的存在根本不可能有任何理性的理由。這個存在是什麼，一個人可以最明顯地從「被拋入這個世界」的恐懼感察覺出來。因為藉由他自己當下的存在，他同時也被詛咒必須行為。當你活著，你就無法從不斷地決定自己要如何度過此生中躲開。即使你不做決定，這也會是一種決定。沒有任何出路可以逃脫這樣的困境。這是一種確實會令人感到害怕的哲學。

為死而生？
馬丁·海德格的
《存在與時間》

我們只「存在」到死亡為止。德國哲學家馬丁·海德格（Martin Heidegger, 1889–1976）也把自己的主要著作命名為《存在與時間》（Sein und Zeit）。他想要回答的問題是：死亡在等待著的這個存在是什麼？它取決於我們的生命所擁有的時間。由於唯有人才能綜觀它，這個存在就是人的存在。可是，一棵樹、一顆石頭，它們同樣也「存在」。不過，再一次，又是只有人才能認識到它。對於海德格而言，人是勇敢承受自己生命的英雄，因為人清楚地知道，生命會以死亡終結。這種英雄觀讓海德格暫時成了納粹的支持者。他追隨了阿道夫·希特勒（Adolf Hitler），因為希特勒想讓德國人成為一個萬世不朽的帝國的主人。不過，後來馬丁·海德格卻也將人的存在嵌入了「存在自身」。

對於「Existenz」（人的現有存在）一詞，他以拉丁文「ex-sistere」一詞的原意理解成：「站出來」。由於人有能力反思自己的現有存在，因此人站出了存在之外。人既不需要上帝，也不需要高於這個世界的神靈就能夠看到它。人可以藉由從存在觀察自己，來認識自己。首先，人可以借助語言（因為人用語言來思考）為自己揭示這個存在，其次，人可以透過感知周遭的東西；最後，人可以透過自己使用這些東西的行為。

海德格將自己的主要著作取名為《存在與時間》，因為受死亡所局限的人的時間影響了人的存在。海德格有著十分獨特的語用。例如「虛無虛無化」這句話，便是出自於他的手筆。

現代科技對於海德格來說是條錯誤的路，因為它們阻礙了人對於存在的觀察，從而也讓人疏遠了自己。

是什麼讓人成為人？
卡爾‧雅斯培
的自我關懷

如果一個人傷心欲絕，我們會說，他沉浸在痛苦中。有時我們則是沉浸在幸福之中。往往遇上了某些極端的情況，才會促使我們特別強烈地去思索我們自己的人生。

對於雅斯培而言，自我關懷還包括了對社會的關懷。在他看來，人同時是這個世界最大的威脅與最大的希望。因此，他警告世人，不要盲目地信仰科學與科技，它們可能會把人類的生存帶往萬劫不復的深淵。

尋找意義讓人成為人。德國哲學家卡爾‧雅斯培（Karl Jaspers, 1885–1969）如此認為。他將「此在」與「存在」做了區分。對於雅斯培而言，人的「存在」始於有意識地反思自己的「此在」。因此，他也將哲學說成是在自我關懷。

雅斯培從醫學，特別是精神病學，走向哲學。他想要理解做為一個整體的人。精神病學所從事的是，療癒處於非常情況下的人心。對於海德格而言，這些非常情況就是死亡或我們因行為或不行為而自招的罪惡。就連意外、災難，還有他人帶給我們或我們帶給他人的失望，也都屬於非常情況。不過，雅斯培卻認為，正是在這樣的情況下，人會最先發現到自己。因為這時他會走向自己，從而有機會成為自己。帶著我們走向我們自己的，並非理性，而是感情或心情。唯有當一個人能超越他的「自我存在」走向「超驗存在」，他才能讓自己逃出陷於非常情況的絕望。雅斯培稱此為，對於某些無法用理智來掌握的事物（也就是上帝）的「哲學信仰」。關於上帝，他曾表示：「存在著上帝，這一點也就夠了。」雅斯培將這種跳脫絕望稱為「跳向自由的我」，換言之，從恐懼跳向自由。

你的媽媽斥責你：「狗是你說要養的，現在你就得去照顧牠！」話是沒錯，想要養狗的的確是你，可是照顧寵物得要花許多工夫，這點卻不是你所預期的。如今那隻狗已成了你的負擔。

現在你偶而會想，從事後看來，養狗這個決定是不是錯的。不過，如果當初你決定不養狗，你是否又會感到很失落。狗的問題你總會有辦法解決。可是萬一做錯某些真正重要的決定，那才真的要命。法國的存在主義大師尚－保羅・沙特（Jean-Paul Sartre, 1905–1980）正是在探索這樣的問題。他把這種永遠必須做決定視為人生真正的負擔，並且將這種情況形容成「人被判處了自由」。他的意思就是，人的一生得要不斷地做決定，至於這些決定的後果，人不能讓外在的環境、社會或上帝與這個世界來負責。在沙特看來，這當中的理由就是：有別於世上所有其他的東西都只是單純地「在己」（An-sich）存在，為了「為己」（Für-sich）存在，人必須先創造自己。人必須從個人生活的各種可能中選出適合自己的。因為人的本質和天性都不是預定的。在沙特看來，尋覓一套適用於全人類的秩序並無意義，因為根本就沒有人生自身的意義。人是無限地自由。不過，對於沙特而言，這樣的自由卻是負面的。在他看來，正因如此，人才會逃往科學或信仰，藉此躲避對於自由的恐懼。

人「被拋入這個世界」的這項說法源自於沙特。

沙特並非在每個方面都因自由而感到困擾，在他和女哲學家西蒙・波娃（參見P.144）的關係中，他便樂於利用自由，他們在伴侶關係外給了對方一切的自由，也包括性方面的自由。

全都只是廢話？
維根斯坦的語言哲學

「你不要老是說些自己根本不懂的事！」有時候大人會這麼教訓人，然後說你太多嘴了。維根斯坦也是這麼數落其他的哲學家。

維根斯坦藉由觀察，兒童是如何透過語言遊戲來學會語言，了解到語言是如何運作。他是利用自己在奧地利的小學裡擔任老師的機會，進行了這些觀察。

「對於那些我們不能說的事情，我們就應當保持沉默。」這句話是出自於路德維希‧維根斯坦（Ludwig Wittgenstein, 1889–1951），這也是他《邏輯哲學論》（*Tractatus Logico-Philosophicus*）一書七個主要條目中最後的一條。在這本書裡，維根斯坦思索了哲學的意義，而他所得出的結論則是：「對於那些我們可以說的事情，我們就應當言無不盡。」因此，在人生的意義這種問題上大傷腦筋，其實是很荒謬的。雖然維根斯坦並不否認形上學（也就是某些在我們的思想以外的東西）的存在，不過他卻認為，我們只能藉由「從內透過可以思考的東西限定它」，進而去確認它。我們無法認識更多有關它的內容，從而也不應該多說些什麼。我們只能認識我們可以用言語描述的對象。人可以用詞彙和語句反映實際。關於這一點，從象形文字上我們就能看得出來。如同我們利用語言和思想將意象整理成語句，事物與事態也是如此被編排。事態反映了事物之間有何關係。可是世界的意義是在它自身之外，因此是無法被理解的。然而，到了他的第二部著作《哲學研究》（*Philosophische Untersuchungen*），維根斯坦卻揚棄了自己先前在《邏輯哲學論》裡的說法。這回他承認了，言語可能具有的歧義性會阻礙思考。解決這樣的困擾則是哲學的任務。

當你在做一道英文或拉丁文習題時,其中某個重要的句子裡有個單字你不認識,這時會發生什麼事呢?你是會猜猜看,試著從整個脈絡推出那個單字可能的意思,還是你會乾脆放棄?

如果這個句子攸關整篇文章的理解,你可能就要在這道題目上吃癟。英國哲學家伯特蘭‧羅素(Bertrand Russell, 1872-1970)認為,同樣的情況也適用於哲學思考。因為「我們所理解的每個句子,必須完全由我們明白的組成部分組成。」這樣的主張被稱為邏輯原子論(logischer Atomismus)。羅素要求,在哲學裡,如同在數學裡,唯有那些可以被分解、有辦法被證明的「零組件」,才是有效的。直到他發現了一個至今沒有任何思想家能夠解開的數學難題。羅素的**悖論**(Paradox)簡單來說就是:有位理髮師被賦予了一項任務,他必須為村裡所有不為自己刮鬍子的男人刮鬍子,而且只為這些人刮鬍子。這位理髮師認為沒有問題,於是便接下了這個任務。到了最後,他的委託人問他:「那麼,是誰刮了你的鬍子呢?」這位理髮師回答:「我自己幫自己刮的啊!」就這樣,他失去了他的酬勞。如果他

悖論指的是自我矛盾的陳述。最著名的悖論當推埃庇米尼德斯(Epimenides;他是西元前7世紀的哲學家)的克里特悖論。他曾說:「所有克里特人都是騙子。」他自己也是克里特人。那麼他所說的這句話,到底是謊言、還是實話?

有第二次機會,選擇不幫自己刮鬍子,情況也是一樣;因為這時他就屬於那些不為自己刮鬍子的男人,所以就得為自己刮鬍子。這樣的窘境惹得數學家羅素幾乎要抓狂,不過哲學家羅素卻得出了這樣的結論:雖然我們幾乎完全沒有希望發現形上學問題的答案,不過,光是為了保持對於這個世界的興趣,我們就必須繼續在這些問題上做點猜測。

10

還是缺了什麼！

Da fehlt doch was!

女性在哪？
沉默的智者

如前所述，Philosophie（哲學）一詞就是「愛好智慧」的意思，它源自於希臘文的「philos」與「sophia」。Sophia（智慧）是個屬於女性的單字。不過，你肯定注意到了，在哲學裡，偏偏就是看不到有什麼女性。

Philosophia!

在這當中，古希臘時期有位女性，她是唯一一個可以解釋德爾菲神喻的人，這位女預言家名叫皮媞亞（參見P.148）。在西元前5世紀時，蘇格拉底曾向一位名叫阿斯帕琪亞（Aspasia；參見P.140）的女性請教修辭學。在柏拉圖的某部著作裡，一位名叫狄奧提瑪（Diotima）的女性，曾在哲學的洞見上幫了聰明的蘇格拉底一把。不過，在別的地方，柏拉圖卻說：「身為女人是眾神的詛咒。」在亞里斯多德看來，女性只是不完整的男性。千年之後，波艾修斯卻又在與「哲學女神」的對話中找到了「哲學的慰藉」（參見P.69）。伊比鳩魯的學生中也有女性，不過這顯然只是極少數的例外。畢達哥拉斯（Pythagoras）則是把在他死後領導其學派的重責大任交給他的妻子（參見P.140及接續頁）。儘管如此，我們對於女性的思想依然所知不多。其中的原因在於：上古時期女哲學家的著作都沒有流傳於後世。到了中古時期，（我們已知的）女性的哲學則不出修道院的圍牆外；由於她們的哲學是奠基於與上帝有關的神祕經驗，因此她們也被稱為神祕主義者（Mystikerinnen；參見P.142）。19世紀的時候，有兩位哲學家毫不遮掩自己對於女性的鄙視。即使是那些對尼采一無所知的人，肯定也曾聽過出自他《查拉圖斯特拉如是說》（*Also sprach Zarathustra*）一書裡的這句話：「你要去找女人嗎？別忘了帶上鞭子！」叔本華對於女性的恨，也讓他把少女說成是大自然的「詐術」，

你只是單純活著，還是有在動腦？　　質疑所謂理所當然的事

一旦她們把男人騙到手，她們的美貌便立刻煙消雲散。在這樣的情況下，也難怪女性的思想幾乎都無法發出什麼聲音來。直到20世紀，當女性被允許接受高等教育後，這樣的情況才有所改變。20世紀最偉大的兩位女性哲學家，她們的思想作品都讓男性的同行敬畏三分。海德格（參見 P.131）承認，如果沒有他的女學生兼情人漢娜‧鄂蘭（Hannah Arendt；參見 P.143），他或許根本完成不了自己的主要著作《存在與時間》。研究沙特這位哲學家的人，很快就會發現到他的伴侶兼同事西蒙‧波娃（Simone de Beauvoir；參見 P. 144）。直到今日，當人們提到哲學家時，指的總是男性。女性所想的不一樣嗎；如果是的話，為什麼？無論是事實陳述還是提問，這當中有什麼如此糟糕的事情嗎？男性喜歡把女性的論述藐視為「女性邏輯」，將它們擱在一旁。如果男性並不了解女性，為何要去說那些反對女性的話？

女性的不同思考難道不是一種機會？

畢竟，從不同的角度去切入同一個問題，其實並沒有什麼不好。女性對於這個世界當然有不同的看法。光是因為她們會做些沒有任何男性可以學習或仿效的事情：她們會生孩子，這個理由就夠了。因此，女性對於這個世界的觀察就代表著：從生命之初去理解生命。相反地，男性則傾向於在死亡與在死亡後可能會出現的那些事情上打轉。女哲學家們不在形上的層面中翱翔，而是思索著，人如何才能在這個世界上安身立命。我們能夠且必須怎麼活，才能確保生命擁有未來？如今，這個問題，可說是所有問題中最重要的問題。

女性讓男性變聰明？
最早的女哲學家

我們不曉得，這是否也適用於那些歷史上偉大的哲學家。贊西佩和她的丈夫蘇格拉底（參見 P.54）之間的爭吵，往往都與她都不曉得該如何餵飽自己的子女，可是她的丈夫卻還悠悠哉哉地在街頭上沉思有關。不過，眾所周知，蘇格拉底曾向阿斯帕琪亞（460–401 B.C.）就教修辭的藝術，而且還樂於帶自己的學生來向她學習。他們在她那裡學到了如何從個別推得普遍。某些學者甚至認為，阿斯帕琪亞是這種哲學對話技巧的發明者。無論如何，她必然十分聰慧，否則也不會有那麼多對哲學感興趣的古希臘人經常去就教於她。

生活在西元前 6 世紀的席雅諾（Theano），則是世所公認的史上第一位女哲學家。她也未曾有任何作品傳諸後世。不過，有些學者倒是懷疑，她的丈夫畢達哥拉斯所寫的某些東西，實際上是出於這位聰明的妻子之手。後來，在某個問題上，他們之間甚至發生歧見。畢達哥拉斯認為：萬物皆數（參見 P.45）。席雅諾則不以為然，她認為：無無法生有。為何像「數」這種物質上根本不存在的東西能夠產生物質？對於畢達哥拉斯學派（參見 P.45）的不死信仰，席雅諾的解釋則是：一個壞人在死後居然能夠獲得靈魂得以死亡的獎賞，這種事情是絕不可能有的。

希帕提亞（Hypatia, 370–415）是上古時期另一位偉大的女哲學家。由於她十分聰慧，她的父親傳授了她許多物理

學、數學和天文學方面的知識；就當時的女性來說，這樣的情況極為罕見。不久之後，她便青出於藍，從而轉向哲學方面的鑽研。希帕提亞曾負責管理亞歷山卓博物館，這座博物館擁有當時規模最大的學術著作收藏。據說希帕提亞十分漂亮，終生未婚，經常到亞歷山卓的街頭鼓勵民眾一起進行哲學思考。此舉在當時可說是巨大的挑釁。此外，她在生活與教學方面採取了十分寬容的態度。這為她自己埋下了致命的禍根。因為希帕提亞同樣也是有教無類，無論是猶太人、基督徒，還是其他某個宗教的信徒，她無不照單全收。也因此，她成了不同宗教團體衝突下的犧牲品。她被人殘忍地從身上刮下肉來，後來更被帶去焚燒。她的死可被視為史上最早的「獵巫」。

蘇格拉底與贊西佩（盧卡・吉爾丹諾〔Luca Giordano〕繪）

從靈視到智慧：上帝會令人恍然大悟嗎？

我們之所以知道這兩位中古世紀的女哲學家，或許是因為，她們由於自己的靈視異象而為人所看重。這樣的靈視者被稱為神祕主義者。

修道院長就是修道院的負責人。

聖赫德嘉（Hildegard von Bingen, 1098-1179）是首位著作被完整保存的女哲學家。今日，她主要是以草藥學與醫療學方面的研究聞名於世。聖赫德嘉曾是中古世紀最有權力的女修道院長之一。她是位自然研究者，童年時就曾有過見到上帝的靈視異象，只不過在靈視的過程中，她不像其他許多神祕主義者那樣陷於出神的狀態，某種夢幻之境，而是清醒、理智地領受了上帝的智慧。她甚至因自己的學術著作而受當時的教宗所敬重，雖然她的某些觀點與教宗的信念相左。舉例來說，在使徒保羅的學說方面，聖赫德嘉就有完全相反的看法。使徒保羅認為：女性是為了男性而被創造出來的。聖赫德嘉則不以為然，她認為：這種說法反過來也適用於男性。她甚至主張，上帝本身也有女性的一面。此外，她還認為，身體與心靈是一個整體，人們必須同時兼顧這兩者的需求；而這套理論則讓她引人側目。敢於在敵視身體的中古世紀發表這樣的言論，其實需要很大的勇氣。就連關於性的主題，這位修女也毫不避諱，她曾把婚姻形容成「結合在愛裡的肉體」。另一位神祕主義者梅希蒂爾德（Mechthild von Magdeburg, 1210-1282或1297），她的哲學出發點則是，上帝雖然創造了人，不過祂也賦予了人自由意志，因此人也必須為自己的所作所為負責。

當你還是個小孩時，你的生活主要
是玩耍。如今你已逐漸開始在尋找，
自己在這個世界裡的一席之地。你
思索著，自己以後想變成什麼樣的
人，自己想不想組織一個家庭，往後
的人生自己該何去何從。

是什麼讓人生成為人生？
漢娜·鄂蘭的對世界的愛

女哲學家漢娜·鄂蘭（1906–1975）正是在為人類
尋覓這種「在這個世界裡的一席之地」。她本身
是個猶太人，必須十分具體地為自己找到一個
這樣的位置。她在1933年時逃往法國，脫離了
迫害猶太人的納粹魔掌，接著又在1941年時從
那裡前往美國。海德格（參見 P.131）的這位女學
生兼情人，對於人生的理解截然不同於這位陰鬱
的、將「先走向死亡」視為最有可能成為自己的
方法的存在主義哲學家。

漢娜·鄂蘭也發展出了
一套關於極權主義的理
論。根據這套理論，現代
的社會潛藏著人容易失
去自己的判斷力，從而遭
到操弄的危險。

　　對於鄂蘭而言，「出生」是人類行為的條件。在她看來，
人是與世界連在一起，因為人並非只是為了自己，人的行為
必須總是對著他人。在她的《人的條件》（*Vita activa oder vom
tätigen Leben*）一書裡，鄂蘭表達了自己對於人生意義的看法：
人為了活著而工作，不過這樣還是實現不了任何目的。唯有
當人製造了什麼，他才為這個世界增添了什麼。人可以好比
設想組裝一張手工精細的桌子，可是唯有在行動中人方能實
現自我，因為他由此與他人產生了關係，他親自推動了什
麼，生產了什麼特別的東西，正如人藉由自己的出生帶著自
己的獨特性來到這個世上。因此，人生不再是如海德格所說
的「向死亡存在」，而是一種帶有自我創造新事物意涵的「誕
生存在」。

是什麼讓女人成為女人？
西蒙·波娃的
女性主義哲學

請你老實地說說看，家裡都是誰在操持家務？當你的媽媽下班回家後，她或許還得趕忙做些煮飯、打掃之類的家事，有時候她可能會因而抱怨自己都沒有時間做想做的事。

如果你是個女孩，也許你曾經發誓：以後絕對不會讓這種事情發生在自己身上！如果你是個男孩，也許你從未想過這樣的問題。對於法國女思想家西蒙·波娃（1908-1986）而言，這個問題則是她哲學的出發點。她曾表示，存在主義哲學（自我發展對人而言是創造自我的自由〔參見P.133〕）對女性並不適用。在對人生的觀察方面，波娃區分了超驗性與內在性。她認為，男性活在超驗性裡，活在精神與智能的領域；相反地，女性則被拘禁於內在性裡（她所指的是肉體的存在），因為她們的生物性別將她們囚禁在母性及隨之而來的家庭主婦活動裡。女性因自己所具有的懷胎的生物能力而遭到男性壓迫。可是她們並非天生就該如此。

西蒙·波娃有句名言：「女人不是天生的，而是人造出來的。」她以此為基礎開創了女性主義的哲學。西蒙·波娃呼籲，女性必須自我解放。她所指的是放棄女性化。唯有當女性在經濟上獨立於男性，在社會及政治上與男性平等，她們才有自由可言。也因此，波娃被譽為婦運之母。

西蒙·波娃是沙特的伴侶，他們分開居住，從未結婚。她刻意不要孩子，坦承自己曾接受過當時仍被禁止的人工流產。

11 落入無底深淵，還是飛上新的高峰？

Sturz ins Bodenlose oder Abflug in neue Höhen?

所有的問題都被思考過了嗎？為何你還是得自己去動動腦筋

在看過了前面所有的章節，瀏覽了兩千七百多年來的哲思歷程，到了這本書的尾聲，你或許會問自己：是否還有什麼是從來都沒有人想過的？哲學真的還有必要存在嗎？

答案當然是肯定的！如今我們所知道的東西，要比米利都的泰勒斯（參見P.43）所知道的多得多。你應該還記得，泰勒斯就是那位認為萬物本源於水的哲學始祖。從他開始，無數的思想家提出了許多聰明的想法，這些想法則逐漸堆砌成一座知識的大山。然而，一些可謂是「問題中的問題」，至今依然無人能給出一個終極的答案，像是：生命的意義是什麼？是否真有這樣一種意義存在？提出這樣的問題是否真有意義？有些人對於這些問題只是淺嘗即止，搖搖頭、嘆嘆氣，便將它們束之高閣。有些人卻是經年累月，甚或花上自己的一輩子，不斷地在這些問題上鑽研。另有一些人則是會一再去碰觸這些問題，不過他們卻不會對此感到絕望，因為他們終究會在某個時刻，找到自己平靜地面對這些大問號的方法；無論是信仰上帝，還是悟出自己的一套人生哲學，為自己創造出自己的安身立命之地。

無論如何，兩千七百多年的哲學思考還是有著很棒的成果。如今，很幸運地，幾乎所有的人都認同，每個人的人生都具有和他人的人生同樣不可侵犯的價值。如果有人質疑這一點或反其道而行，再也無法不面臨群起攻之的命運。因此，哲學在今日代表著：建構一個人人都能不受侵犯且安全地活出（體驗）自己的價值的平台。人類是走過許多旅途和冤枉

　你只是單純活著，還是有在動腦？　　　　質疑所謂理所當然的事

路才達成這樣的共識，不過他們卻還遠遠尚未抵達目的地。你肯定曾經有過這樣的體驗：這個世界依然充滿著不正義、不和平、飢荒與災禍。在你的班上，或許也有一些同學會自覺高人一等，而藐視或欺凌別人。找出如何教導這些難以教導的人的論據和方法，也成了20與21世紀哲學的任務。這當中也涉及到了，人是否允許且能夠在不傷害世界的情況下去利用這個世界（如果答案是肯定的，那麼在多大程度上）。

今日的哲學應該具有實用性。

不過，單就你個人來說，你肯定也曾察覺到，沒有人能分擔你自己的思考，因為每個人都得為自己在這個世界上找自己的位置。光是為了不讓自己被湧向我們的資訊洪流淹沒，或是不讓自己在如今我們所擁有的大量選項中沉沒，這樣的理由便已足夠。從前的人一直在尋找一個定點，幫助他們消除自己對於迷失在浩瀚宇宙的恐懼，一般說來，那個定點就是上帝。如今我們則還必須要留心，不要迷失在無限廣闊的網路空間裡。或許你曾經有過這樣的經驗：當你在上網好幾個小時後關掉電腦時，你偶爾會覺得現實世界一點也不真實。因此，反思、哲思同樣也代表著為自己的人生找個錨，當你在落入無底的深淵或飛上無盡的高峰時，可以及時拋下這個錨。

複製有限公司——
如果人造了人，
人會變成什麼？

「γνῶθι σεαυτὸν」，這句話被刻在供奉太陽神阿波羅的德爾菲神廟上，那裡有著名的女祭司皮媞亞，可以透過神諭解讀未來。這句話的意思就是：「認識你自己」。

每個哲學思考都始於這樣的敦促。偉大的蘇格拉底（參見P.53）對此所找到的答案就是：「我只知道，我一無所知！」也因此，德爾菲的神諭說他是所有希臘人中最有智慧的一個。你也同樣在通往自己的路途上，你也想知道，自己是誰、是什麼。當你在這些問題上有了愈清楚的了解，你的自信也會跟著變得愈大。

然而，這句「認識你自己」的格言，如今卻有了一個全新的面向，因為今日人可以根據自己的希望自行造出人來。借助基因與生物科技（亦即與生物的遺傳特性及人們能夠如何加以操作有關的知識），人們可以在試管裡創造出新的生命。人們把這種技術稱為複製，並且在老鼠和羊的身上進行過試驗。起初，人們只是從某隻動物的身上取出細胞，繼而利用它們來培育出與細胞來源那隻動物完全一樣的另一隻新的動物。不過，科學想要達成的目標則是，創造出不具有被複製的生物仍有的不良附隨性質的生命。人按照自己的計畫創造出一個新的人，這早已不再只是完全不切實際的**空想**（Utopie）。如今存在著以這種方式培育出的植物，例如基改玉米。我們目前已在大量栽種和收成這類基改玉米，它們變成具有抗蟲害的遺傳特性。量身訂作一個人，此事至今依然是被禁止的。不過，為了醫療的目的，目前已有在胚胎上進行的這類實驗。歷史告訴我們，科學很難長期抗拒技術可行的誘惑。

空想是指對於未來的願景。

然而，如果一個人知道：我的父母不想要偶然成為我的那個我，而是想要一個事先完全設計好的我，這個人會作何感想呢？我是否就像個樂高的小玩偶，被按照設計圖用積木拼湊起來？我究竟是個人，還是個具有人性的機器人？如果我與自己被據以創造的構想不符，我該怎麼辦？

　　這樣的一個生命該如何認知他自己？他還有什麼自由？在這種情況下，「認識你自己」這句話到底還適不適用？就連人造人也會追求知識。可是，對他而言，思考卻得再度重頭開始。他的答案或許會是新的。不過，他要回答的問題則仍是康德（參見P.108）所提出的那些問題：我能知道什麼？我應該做什麼？我可以希望什麼？人是什麼？

複製羊桃莉。

附錄：54位哲學家簡歷

阿那克西曼德（Anaximander, 610–547 B.C.）：與泰勒斯及阿那克西美尼同為米利都人。他認為對立是一切存在的基本原則。

阿那克西美尼（Anaximenes, 585–525 B.C.）：阿那克西曼德的學生，與泰勒斯同為米利都人。他認為世界的原始物質是「氣」。

安瑟倫（Anselm of Canterbury, 1033–1109）：出身於義大利奧斯塔（Aosta）的貴族世家。擔任坎特伯雷大主教期間曾尋找上帝存在證明。

漢娜‧鄂蘭（Hannah Arendt, 1906–1975）：曾是馬丁‧海德格的學生兼情人，後來離開了他。她是德國最重要的女哲學家，以誕生來定義人生。

亞里斯多德（Aristoteles, 384–322 B.C.）：這位來自斯塔基拉（Stagira）的醫生之子，在17歲時進入柏拉圖的學校求學，日後成為亞歷山大大帝的老師。

奧古斯丁（Augustinus, 354–430）：出身於北非的塔加斯特城（Thagaste）。少年時期放蕩不羈，直到西元386年，他才安定下來結婚生子。他接受了洗禮，日後更成為最著名的教會聖師之一。

法蘭西斯‧培根（Francis Bacon, 1561–1626）：掌璽大臣之子，他的父親曾是英國女王伊麗莎白一世最重要的顧問之一。他的主張是：知識就是力量。

西蒙‧波娃（Simone de Beauvoir, 1908–1986）：法國哲學家沙特的伴侶，女性主義哲學的奠基者。「女人不是天生的，

而是人造出來的。」是她的名言之一。

喬治・柏克萊（George Berkeley, 1685–1753）：這位愛爾蘭的神學家曾想在百慕達群島設立一所教會學校。在他看來，存在是被感知。

波艾修斯（Severinus Boëthius, 480–524）：出身於古羅馬的貴族家庭。被視為首位經院哲學家。人是否只是其時代的產物？這個問題是他最先提出。

佛陀（Buddha）：本名悉達多，曾是印度的王子。他出生於西元前5世紀，創立了佛教。他在「空」中找到了圓滿。

查爾斯・達爾文（Charles Darwin, 1809–1882）：這位英國人在前往南美探險的5年期間構思出了演化論，這套理論表明了：最適者生存。

德謨克利特（Democritus, 460–370 B.C.）：海琴海北岸的某位商人之子。他是第一位原子論者，因為他曾表示，萬物皆是由會一再重新聚集的最微小部分所組成。

勒內・笛卡兒（René Descartes, 1596–1650）：出生於法國的圖爾（Tours）附近。他是近代哲學之父。「我思故我在！」這句名言便是出自於他。在1641年時，瑞典女王克莉絲汀將他請去斯德哥爾摩，後來他不幸在那裡因罹患肺炎而過世。

伊比鳩魯（Epicurus, 341–270 B.C.）：出生於薩摩斯（Samos）島。在他的雅典哲學學校裡，他曾教導過婦女和奴隸，此舉在當時十分不尋常。他是享樂的哲學家，因為他曾表示，唯有個人的幸福才能讓靈魂平靜。

路德維希・費爾巴哈（Ludwig Feuerbach, 1804–1872）：出生於蘭茲胡特（Landshut），父親是位刑法教授。他主張，人應當相信自己，對他而言，上帝只是人的某種幻象。

費希特（Johann Gottlieb Fichte, 1762–1814）：這位出生於拉梅諾（Rammenau）的工匠之子，一夕之間爆紅，因為他的首部哲學著作被陰錯陽差地當成了康德的作品。他的哲學讓人成了自己的創造者。

西格蒙德・佛洛伊德（Sigmund Freud, 1856–1939）：商人之子，在維也納長大。他發明了心理分析。這套方法旨在先找出「本我」（亦即隱藏在「自我」中的體驗和經驗），進而嘗試讓它們與「超我」（亦即所處環境的期待）相互調和。

高吉亞（Gorgias, 485–380 B.C.）：於西元前427年代表西西里的故鄉城市出使雅典，展開了他修辭學大師的生涯。他曾表示，真理不可能存在。

黑格爾（Georg Wilhelm Friedrich Hegel,, 1770–1831）：斯圖加特（Stuttgarter）一名公務員的兒子。在擔任紐倫堡新教文理中學校長期間，他曾致力推動青少年哲學教育。他是德國最重要的哲學家之一。他的辯證法（命題—反命題—合命題）讓他聞名於世。在他看來，借助這套方法，可以合理地解釋一切。

馬丁・海德格（Martin Heidegger, 1889–1976）：來自巴登（Baden）的梅斯基希（Meßkirch）。他是德國最重要的哲學家之一，卻也因為自己支持納粹的背景，同時也是最被鄙視的哲學家之一。他以死亡來定義人生，因為人生無可避免地終於死亡。

赫拉克利特（Heraklit, 540–480 B.C.）：出身於土耳其以弗所的貴族家庭。「萬物皆流」與「戰爭是萬有之父」等名言皆是出自於他。

聖赫德嘉（Hildegard von Bingen, 1098–1179）：中古世紀最有權

你只是單純活著，還是有在動腦？　　　質疑所謂理所當然的事

力的女修道院長之一。她發現了上帝女性的一面。

湯瑪斯‧霍布斯（Thomas Hobbes, 1588-1679）：曾以家庭教師的身分伴隨貴族的子女環遊歐洲。他認為人性本惡，因此國家必須要以「利維坦」的形式來羈束他們。

大衛‧休謨（David, Hume, 1711-1776）：出身於蘇格蘭貴族家庭。曾經擔任過家庭教師、大使祕書，最終更任職於外交部。在他看來，情感是行為的準則。

希帕提亞（Hypatia, 370-415）：曾擔任亞歷山卓博物館的館長，那是當時世界上最大的圖書館。她在生活與教學上的寬容態度，日後竟為她惹來殺身之禍。

卡爾‧雅斯培（Karl Jaspers, 1885-1969）：出生於奧爾登堡（Oldenburg），父親為銀行家。他是除了海德格以外，德國存在哲學最重要的代表人物。身為精神科醫生，他曾經見過許多陷於非常情況的人。身為哲學家，他則認識到了，人在極端情況下會找到自己。

約翰內斯‧司各特‧愛留根納（Johannes Scotus Eriugena, 約800-877）：這位愛爾蘭的僧侶拒絕讓知識屈從於信仰，也因此他成了教會的眼中釘。

伊曼紐‧康德（Immanuel Kant, 1724-1804）：這位柯尼斯堡（Königsberger）的工匠之子是德國最偉大的哲學家之一。他提出了「絕對命令」，講白了就是：如果你不想要別人對你做些什麼，你也不要去對別人做那些事情！

索倫‧齊克果（Sören Kierkegaard, 1813-1855）：丹麥最著名的哲學家，同時也是存在主義的始祖。這位紡織商人之子以情感世界來對抗黑格爾的理性哲學。恐懼是他思想的主軸。

哥特佛萊德‧萊布尼茲（Gottfried Wilhelm Leibniz, 1646-1716）：

出生於萊比錫，父親為道德哲學教授。他是個天才，年僅6歲便自己學會讀書、寫字，8歲時已能閱讀古希臘哲學家的作品。他創出了單子論。

約翰‧洛克（John Locke, 1632–1704）：曾是教師、醫生與哲學家。這位出生於布里斯托（Bristol）附近的律師之子認為，人不是帶著理智出世，而是只帶著得以培養理智的能力。在政治方面，他發明了權力分立理論。

馬基維利（Niccolò Machiavelli, 1469–1527）：來自佛羅倫斯。當時那裡是由梅第奇（Medici）家族所把持。雖然他本身吃了王侯家族的苦頭，他卻還是認為，理想的君主可以不擇手段地維護自己的權力。

卡爾‧馬克思（Karl Marx, 1818–1883）：馬克思主義這種主張無產階級專政的政治意識形態，便是以這位特里爾（Trierer）的律師之子來命名。馬克思原本攻讀法律，後來受費爾巴哈影響轉向哲學。由於他無法成為教授，因此他以編輯為業。夥同他的朋友恩格斯，他在倫敦成立了國際工人協會，推動了最早的工運。

梅希蒂爾德（Mechthild von Magdeburg, 1210–1282或1297）：與聖赫德嘉同為神祕主義者，居住於馬格德堡（Magdeburg）的修道院。心靈的自由是她的主張之一。

湯瑪斯‧摩爾（Thomas Morus, 1478–1535）：英國的政治家暨哲學家，創造了理想國度「烏托邦」。由於他贊成宗教自由，導致他失去寵信，後來更慘遭斬首。

弗里德里希‧尼采（Friedrich Nietzsche, 1844–1900）：是現代首位虛無主義者，因為他否定了所有價值與信條。這位薩克森（sächsische）的農村牧師之子認為，人的人生目標應該是成為「超人」，而不是去尋覓上帝。

巴門尼德（Parmenides, 515–480 B.C.）：出身於義大利艾利亞（Elea）的一個富有的家庭。在他看來，思考與存在是同一回事，他也以此論證了不存在的存在。

柏拉圖（Plato, 427–347 B.C.）：出身於雅典的貴族家庭。他和蘇格拉底及亞里斯多德，對於至今為止的哲學影響至鉅。他是透過虛構的蘇格拉底的對話，將自己的哲學表達出來。

普羅泰格拉（Protagoras, 約483–410 B.C.）：以教師的身分在希臘四處流浪。他是首位辯士學者。

畢達哥拉斯（Pythagoras, 570–495 B.C.）：出生於薩摩斯島，後來遷往義大利。他在梅達彭提翁（Metapont）創立了畢達哥拉斯學派。他曾說：萬物皆數。

尚–雅克・盧梭（Jean-Jacques Rousseau, 1712–1778）：這位日內瓦人原本應該成為銅雕匠，可是他卻選擇逃往法國。他的情人引領他進入哲學的世界。他的支持者在日後將「回歸自然」這句話塞到他的嘴裡。他呼籲，應該讓兒童盡可能自由地成長。不過，他自己卻是把自己的五名子女全都丟到孤兒院裡。

伯特蘭・羅素（Bertrand Russell, 1872–1970）：是數學家、哲學家，同時也是「羅素法庭」（負責調查美軍在越南的戰爭犯罪）的催生者。他曾說，就算沒有認識的希望，人還是必須從事哲學思考，否則人將會失去對這個世界的興趣。

尚–保羅・沙特（Jean-Paul Sartre, 1905–1980）：從小就是個孤兒。他是法國存在主義的精神領袖。他曾說，人是「被拋入這個世界」，「被判處自由」。不過，在現實生活中，他顯然不是很為自由所苦；他被認為是個花花公子。

弗里德里希‧謝林（Friedrich Wilhelm Joseph von Schelling, 1775–1854）：這位來自里昂貝格（Leonberg）的牧師之子，曾以教授的身分先後任教於耶拿、烏茲堡、慕尼黑、愛爾朗根及柏林等地。這位浪漫主義者暨觀念論者，是最早針對破壞自然向世人提出警告的人。

亞瑟‧叔本華（Arthur Schopenhauer, 1788–1860）：這位但澤（Danziger）的商人之子，曾以哲學講師的身分，在柏林與黑格爾競爭誰比較受學生青睞；結果黑格爾大獲全勝。他將印度的哲學注入了歐洲的思想。

蘇格拉底（Socrates, 470–399 B.C.）：出生於雅典，父親是石匠，母親是產婆。他真正的工作其實是石匠。他可說是西方哲學的奠基者。他最著名的一句話就是：「我只知道，我一無所知！」

史賓諾沙（Baruch Spinoza, 1632–1677）：阿姆斯特丹的商人之子。由於主張泛神論（萬物皆神），他遭到猶太社群的驅逐，只好以從事磨鏡片的工作餬口。

米利都的泰勒斯（Thales of Miletus, 625–547 B.C.）：米利都的商人。被視為世界上第一位哲學家。他認為，萬物本源於水。

席雅諾（Theano, 約600 B.C.）：被視為世界上第一位女哲學家。她沒有任何著作流傳於後世。她曾是畢達哥拉斯的學生，在他死後接手領導他的學派。

多瑪斯‧阿奎納（Thomas von Aquin, 1225–1274）：在拿坡里附近長大。18歲時不顧父母的反對出家為教士。發現了五項上帝存在證明。死後被尊封為聖徒。

伏爾泰（Voltaire, 1694–1778）：本名佛朗索瓦–瑪利‧阿魯埃。這位啟蒙時代的推手，因其犀利的諷刺而引人側目，甚

至還為此惹來牢獄之災。他的哲學思想在於要求寬容與思想自由。

路德維希‧維根斯坦（Ludwig Wittgenstein, 1889–1951）：20世紀奧地利最重要的哲學家，語言哲學的開創者。在他看來，現實只能透過語言認識。

芝諾（Zeno, 約334–263 B.C.）：據說，這位來自塞浦路斯（Zypern）的商人，在歷經一場船難後被一位書商所救，因緣際會之下跨入了哲學的領域。所謂「斯多噶的平靜」，便是出自於他。

圖片出處：
德通社 (dpa)：P.35, 61, 81, 89, 103, 141, 149
Keystone通訊社：P.41, 55, 75, 101, 109, 117, 123

向下扎根！
德國教育的公民思辨課3——

你只是單純活著，
還是有在動腦？
質疑所謂理所當然的事

Nachgefragt: Philosophie
© 2005 Loewe Verlag Gmbh, Bindlach
through Jia-xi Books Co. Ltd., Taipei

向下扎根！德國教育的公民思辨課. 3,
你只是單純活著，還是有在動腦？：
質疑所謂理所當然的事／
克莉絲汀・舒茲－萊斯（Christine Schulz-
Reiss）文；薇瑞娜・巴浩斯（Verena
Ballhaus）圖；王榮輝譯
.─初版. ─台北市：麥田出版：
家庭傳媒城邦分公司發行・2017.07
譯自：Nachgefragt : Philosophie
ISBN 978-986-344-465-7（平裝）
1.西洋哲學 2.民主教育
140   106007758

封面設計　廖韡
印　　刷　漾格科技股份有限公司
初版一刷　2017年7月
初版十二刷　2022年8月
定　　價　新台幣299元
I S B N　978-986-344-465-7
Printed in Taiwan
著作權所有・翻印必究

作　　者　克莉絲汀・舒茲－萊斯（Christine Schulz-Reiss）／文
　　　　　薇瑞娜・巴浩斯（Verena Ballhaus）／圖
譯　　者　王榮輝
責任編輯　林如峰
國際版權　吳玲緯　蔡傳宜
行　　銷　艾青荷　黃家瑜　蘇莞婷
業　　務　李再星　陳美燕　枈幸君
主　　編　蔡錦豐
編輯總監　劉麗真
總 經 理　陳逸瑛
發 行 人　涂玉雲

出　　版

麥田出版
台北市中山區104民生東路二段141號5樓
電話：(02) 2-2500-7696　傳真：(02) 2500-1966
網站：http://www.ryefield.com.tw

發　　行

英屬蓋曼群島商家庭傳媒股份有限公司城邦分公司
地址：10483台北市民生東路二段141號11樓
網址：http://www.cite.com.tw
客服專線：(02)2500-7718; 2500-7719
24小時傳真專線：(02)2500-1990; 2500-1991
服務時間：週一至週五09:30-12:00; 13:30-17:00
劃撥帳號：19863813　戶名：書虫股份有限公司
讀者服務信箱：service@readingclub.com.tw

香港發行所

城邦（香港）出版集團有限公司
地址：香港灣仔駱克道193號東超商業中心1樓
電話：+852-2508-6231　傳真：+852-2578-9337
電郵：hkcite@biznetvigator.com

馬新發行所

城邦（馬新）出版集團【Cite(M) Sdn. Bhd. (458372U)】
地址：41, Jalan Radin Anum, Bandar Baru Sri Petaling,
57000 Kuala Lumpur, Malaysia.
電話：+603-9057-8822　傳真：+603-9057-6622
電郵：cite@cite.com.my